伊甫の多趣味な半生と救国提言

米長伊甫 著

タブレット

伊甫の多趣味な半生と救国提言——目次

後編　熱血政治家「米満伊甫」の登場…………201

あとがき 253

はじめに

私は現在のところ、妻恵子とまずまずの平穏な老後生活を送っている。後期高齢者で、人生はまさに終盤である。ところが最近世の中を見渡すと、何故か赤字国債の存在が、気に係りはじめたのである。これは国家非常事態ではないか。それがパチンとはじけたら、日本は平成の御世から昭和二〇年に逆戻りである。

しかし周囲を見渡したところ、政治家は与党も野党も誰もこのことを真剣に取り上げようとする議員がいない。またマスコミはテレビも新聞も週刊誌も、どこも警鐘を鳴らす機関が存在しないではないか。「日本は大丈夫だろうか？」一瞬私の脳裏は硬直した。そしてささやかではあるが、先ず自分から世の中に一石を投じてみようと決意した。そんな時新聞やテレビで、民主政権も赤字国債を発行していることを知った。その瞬間、本書の構想が明快に脳裏に連想された。そして思い切って執筆してみようと、決意した次第である。

本書は前編と後編の二部から構成されている。

前編は著者の半生の実録を振り返ったものである。世の中には「自分史」というものがある。これに関連し自費出版される方々を多く見かけている。私の知り合いでは、会社を定年退職した直後に豪華な世界一周クルーズの旅に出掛け、それを記念出版した方もいらっしゃる。

本書では自分のつたない経験と身に付けた多少のスキルをもとに、少しでも世の中の皆様にお役に立ちたいと、後編では熱血政治家「米満伊甫」を登場させ、獅子奮迅の活動を描写している。しかし米満伊甫の行動規範はすべて、前編で記載した米長伊甫の半生の集積結果にもとづくものである。

米長伊甫は身内の一人が国会議員であることから、民主党のサポータになった。そして鳩山由紀夫総理（当時）に二通、野田佳彦総理（当時）に約一〇通のご意見書を差し出した。最初の提案に関し、鳩山総理（当時）から直筆のお礼状を戴いた。誠に恐れ多いことである。

しかしその後の提案に関してはなかなか実施して戴けず、政権の人気は下降傾向のまま終焉してしまわれた。このままでは折角の政治的アイデアが消滅してしまう。それは自分の不平不満だけではなく、世の中のためにも損失であると、大憤慨である。自分で言うのはおかしいが、自分なりに諸提案事項には必ず国家にとって有用だとの自信がある。そこで熱血政治家を登場させ、自分の夢を一歩一歩実現してゆくという、非常手段に訴えた次第である。

米満伊甫は菅直人総理（当時）に見込まれ、アシスタントに起用されたことになっている。菅総理は身内の国政選挙の応援でおらが田舎町にお出で戴いた。そのご恩は今も忘れてはいない。その甘えから総理のお許しなく勝手な表現を用いてしまった。しかし言い訳ではあるが、党内に米満伊甫のようなスタッフがおられれば、総理はもっと長期に亘り政権をご担当なさったのにと、党全体に反省を促したいとの意図もある。また民主党に拘らず、どの政党が政権を担当しても、政権与党としてのあるべき姿も提示させていただいた。

著者は耄碌直前の後期高齢者ではあるが、一度だまされたつもりで是非本書をご笑読いただきたいと、心からお願い致します。

前編　米長伊甫の奇想天外な半生

出だしの言葉

米長伊甫は一九三七年に裕福な地主の長男としてこの世に生を受けた。米長家は約四五〇年続く貴重な家系がある。しかし戦後の農地解放と満州鉄道倒産で、全財産を失った。米長家は村一番の金持から村一番の貧乏に転落した。そのため伊甫は高校にも大学にも行けないと観念していた。

伊甫が中学生の頃、松原を名乗る若者が米長家をひょっこり尋ねてきた。パチンコ屋を営みたいから、店の一角を貸して欲しいとのことである。もちろん一家はこの話に飛びついた。その家賃収入等で生計が一息つくだけでなく、高校や大学への進学が見えてきたのである。

松原さんは北朝鮮の出身者だったが、礼節を重んじ情愛が深く、伊甫が学業に励んでいることを好意的に激励していただいた。松原さんはその後京都に進出して手広く事業を拡張されたが、途中火災に見舞われて財産を失い、失意のうちに帰国されたと風の便りに伺っている。伊甫は今でもこのご恩は忘れず、北朝鮮には強い親愛の念を抱いている。最近は北朝鮮よりも、むしろ韓国の方が危険ではないかと感じている。

村には町制が敷かれ、パチンコ屋さんも何軒かに増えた。その中には清水次郎長の流れを自称する愉快なおじさんもいた。実際左小指が一関節詰めてあった。その仁からは義侠心の感化を受けた。

町は古く江戸時代から将棋の盛んな部落として有名だった。伊甫が幼い頃は大人も子供も、仲良く一緒になって将棋を指したものである。当時は歌謡曲のことを「流行歌」と呼び、学校からはそれを歌うなと注意されていた。だが実際には大人も子供も、上級生も下級生も、一緒になって同じ歌を歌ったものである。今は我々老人には若者達が歌う歌はどうしても溶け込むことができない。どうしようもない世代の断絶を感じている。

また町には長さ五〇メートルのプールがあった。当時は山梨県下にそんなプールは二箇所しかなく、県の小中学生水泳大会が経常的に実施されていた。地元はこのように福よかで、どこか他の町村とは一味違うという自負心が強く、自身を「大増穂」と称し胸を張っている。

米長兄弟は男四人・女一人であるが、このような風土のもとで幼少時代を過ごしていった。

一、伊甫の少年時代

時計遊び

伊甫が幼稚園児のころは、日本は太平洋戦争の真っ只中であった。戦況は徐々に敗戦の憂いが濃くなりつつあった。そして生活物資は不足し、大人もこどもも、質素な耐乏生活を余儀なくされていた。学校ではノートも消しゴムも不足していた。こども達には遊び道具というものが無かった。また自家用車なんてものは皆無だった。大人の職業は農業が主体である。そこには現金収入が乏しく、こどもにお年玉なんて、夢のまた夢であった。

野球をしようと思っても、ボールもバットもなく、サッカーをしようにも、蹴るべきボールがなかった。だからこどもの遊びは「かくれんぼ」とか「はないちもんめ」とか、とにかくお金がかからない、また物を使わない条件下の遊びに終始した。その当時の世情は、いってみれば現代の世界最貧国とほぼ同じだと考えていいだろう。

そんな時の流れのなかで、伊甫は幼い頃から自分の頭の中で物事をいろいろと考えるくせが強かった。それは幼稚園のころか小学校一年生のときか定かでないが、「時計遊び」なるものを自分で考案し、自分で実行した。

どんな遊びかというと、まず柱時計が一時とか二時とか、ぴったりになるのを待つのである。それを確認すると隣の部屋にさっと移る。それから「一、二、三……」となるべく一秒単位になるように努力しながら、なんと三六〇〇まで数えるのである。それからさっと時計を眺めにゆく。そしてどのくらいの誤差があるかを確認するのである。この間は数値のことだけで頭の中が一杯になり、雑念はまったくなかった。

仮に誤差が五分早すぎたとしよう。そしたら次は心持ちゆっくりと数え、なんとかぴったり合致するように工夫するのである。そして誤差はどのくらいかと、胸をときめかせながら、時計をのぞきにゆく。誤差が大きいか小さいか一喜一憂しながら、ただ飽きもせず丸一日何回となく、こんな単調な遊びを繰返した。自分でも感心するほどおっそろしく根気の強い少年だったようだ。遊びなのか勉強なのか分からないが、この訓練のおかげで四桁までの数値がしっかりと脳裏に叩き込まれ、それがスタートダッシュとなって、学校では数学は好成績をいただくようになった。

時計の活用は他にもあった。伊甫はこの当時祖母ふでに連れられて、時折身延の親戚を訪問することがあった。身延の主望月善長はふでの甥っ子であった。しかし現代と違って、交通事情は大変なものだった。先ず家から鰍沢バスセンターまでバスで行き、そこから身延線鰍沢口まで、バスを乗り継ぐ。そこでJRを利用して身延駅に行く。そしてまたバスで、ようやく身延町市街地に到達できるのである。

途中身延線にはたくさんの短いトンネルがあった。そのうち鰍沢口駅と下部温泉駅の間には、五個のトンネルがあった。その中で2個のトンネルが少しだけ長かった。伊甫はそのどちらがより長いのか、興味をもった。そしてそれを比較する手段として、自分で「一、二、三……」と、数えたのである、例によって一個一秒になるように、努力した。要するに自分自身がストップウォッチとなったのだ。

そして二つのトンネルを比較して、どちらの方が長いのかを自分なりに判定した。伊甫は身延へ行くときも返りもこれを繰り返し、今でいうダブルチェックで、その長短を確認したのである。こんな遊びを通して、伊甫は数字に強いこどもへと、成長することができた。

夏休みのプール

夏休みになると例のプールへ、仲間と毎日のように出掛けた。プールは遠浅のスロープがついていて、一番深いところは「九尺＝二・七メートル」あった。そして「九尺に飛び込めたら一人前」と言われていた。少年達にとって「九尺」という言葉はなにか聖域のような感じがしていたのである。

伊甫は小学一年生のころから上級生に連れられて、水泳を始めた。はじめのうちは浅瀬で、必死になって水に浮く練習をした。またプールの縁に掴まって、足をばたばたとさせたり、いろいろ工夫しながら、どうやら泳ぐことができるようになった。生まれてはじめて「九尺」に飛び込んだときの感動は、いまも残っている、大変強いものだった。

当時は終戦前後のことで目ぼしい遊び用具はなにもなかった。そこで少年達はお金のかからない素晴らしい遊びを考案していた。まず拳ほどの小石を「九尺」に放り込む。少年達はそれぞれに「九尺」に飛び込んで潜り、誰が一番早く小石を拾い上げるか競争するのである。

体が冷えるとみなプールの縁に腹ばいになって、甲羅干ししながら体を温めた。しかしそこにはいやな昆虫がいた。「あぶ」である。当時は牛馬が農耕や運搬に活用されていて、各農家は牛か馬を一頭ずつ飼っていた。そのためはえやあぶが大量に発生し、一部がプールにやってくるというものである。少年達は互いに相手の背中にあぶが止まっているのを見かけると、手のひらでぴしゃりと叩いてくれる。少し痛いがあぶに刺されるのに比べたら、はるかに増しである。

これに対し少女たちは浅瀬の一部にかたまっていた。当時は水泳をする少女は少年よりもずっと少なかった。大人の女性は皆無だった。

水泳が終わるとみな仲良く帰路についた。着衣は水泳パンツではなく越中ふんどしだった。近くを流れる戸川の川原で笹の枝を拾い、その先端に越中ふんどしを結びつけ、頭上にかざしながら小走りに歩いた。歩く時間は二〇分以上はかかったが、それが普通だった。また少年達は背中が日焼けして真っ黒になるのを自慢げに競争したものである。当時は皮膚ガンなんていう観念は全く無く、日焼けすることは健康の象徴で、世間からも奨励されていたのである。

伊甫が中学生の頃、なんと神様だと思って憧れていた大古橋選手が同僚の橋爪選手を伴って増穂中学においでになったのである。両選手は全校生徒の前でにこやかにお話をされた。当時こんなことができる学校が他に何校あったのだろうか。そこでも「大増穂」という言葉が浮かんでくるのである。

伊甫や仲間のこども達は、夏休みはほぼ毎日連隊を組んで、プールへ日参した。衣服を着替える建物はなく、みなそれぞれにプールの周囲に茂っている松林のどこかを利用した。水に入って泳ぐのも、寒くなっておこなう甲羅干しも、行き帰りの往復も近所の仲間が仲良く集団で行動した。そこに人知れず仲間意識が芽生えていた。だから伊甫は将来、大学生活から出発して四五年間諸国を放浪し郷里へ戻ってきたが、皆からはなんの抵抗も違和感も無く、「土地の人間」として、迎え入れてもらえたのである。

プールと反対の方角に、釜無川が流れていた。こども達は時折そこにも泳ぎにいったが、そのことは後に触れる。ただ町ではそのうちに近代的なプールが建造されて、この古典プールは徐々に利用者が減っていった。現在ではそこは埋め立てられて、ひっそりとした公園になり、昔の面影は完全になくなってしまった。

野球ブーム

終戦直後の日本国民は進駐軍と和気藹々とした共存を堅持した。欧米にとって日本はあまりにも従順で、ちょっと拍子抜けしたのではないだろうか。しかしこの風土が日本が世界有数の経済大国になる下地ではなかったか。敗戦の痛手から脱却する一番手は野球ブームだった。

とにかく野球はアッというまにみるみる全国に広まっていった。伊甫の周囲でも大人こどもを問わず、野球が大流行した。野球が上手な大人はすぐに噂が広がり、少年達の憧れの的となった。但し野球に必要なボールやバットはなかなか入手困難だった。というよりもそれを買うお金がなかったのである。しかも木製のバットは粗悪品で、すぐに折れたものである。

少年達は正規の大会以外はなかなかボールもバットも使用できなかった。そこでボールは雑巾をまるめたものを使用した。誰かが上手に作ってくれたものである。またバットは柿の木の枝を利用した。勿論枝は多少曲がっていた。でもみな上手にヒットを打っていた。

当時はまだ車が皆無だったので、近くの道路を使って少人数で野球遊びをやることもあった。そんな時である。伊甫は一〇歳年下の妹をおんぶするように、母花子から命ぜられた。いわゆるおこもりさんである。伊甫はなんとおこもりさんの務めを果たしながら、友達と野球を楽しんだのである。当時はこんなことに全く違和感の無い平和な時代だったようだ。

町では各部落対抗の野球大会が開かれた。選手もさることながら大勢の観客で賑わった。それは町をあげての一大イベントであった。その運営は全国各地でもあったように、青年団が中心となって遂行された。時には近隣の町村との親善試合もあった。日本各地で大人もこどもも、野球のとりこになる時期が暫く続いたのである。

するとプロ野球も国民の熱烈な関心を呼ぶことになった。伊甫の仲間もプロ野球は人気のスポーツだった。というよりもプロスポーツは野球しかなかったのである。当時は勿論テレビはなく、ラジオで実況放送を聞いた。それはＮＨＫ第二放送に限られていた。

ところが第二放送が可能なラジオは、近くには一軒しかなかったのである。おまけに小さな音声であった。伊甫達仲間はラジオに耳を近づけ、真剣に実況放送を聞き入った。当時プロ野球は一リーグ制八チームで、オールスター大会は東西対抗の形式で行なわれた。主役は東の巨人・西の阪神である。

山梨県は関東だから、仲間は全員が巨人ファンだった。そして「川上の赤バット」は、当時の少年達の憧れの的であった。伊甫は将来はプロ野球の選手になり、巨人軍に入団したいと、夢見たことがあったのである。伊甫の小学校のクラスでは守備位置はレフトで四番バッターであった。伊甫の打球は結構鋭く、三塁強襲ヒットが看板だった。

伊甫はこの時の体験から、大人になってもソフトボールでは守って打って、なかなかの腕を見せることができた。なかにはこの姿を見て、伊甫をアマ将棋指しと思っていた者のなかには、「オヤ」と、伊甫への人物像を改める人もいたくらいである。

また現在ゴルフでもドライバーで軽く二〇〇ヤードを超えている。それは少年時代曲がった柿の木のバットで鍛えたからであろう。いま郷里にはゴルフショートコースがあり、伊甫はゴルフを社交の武器の一つとして活用している。少年時代の野球が、形を変えて伊甫を助けているのである。

どんどん焼き

毎年正月の一四日には地元一帯で「どんどん焼き」が行なわれる。門松等の正月の不要物を集めて燃やすのである。これはおそらく日本全国で行なわれるものだろう。地元では今でも各部落ごとに盛大に催されている。

そのためにはヤグラを建てたり、可燃物を集め歩いたり、相当な手間隙がかかる。それを現在ではほとんどの地域で大人が中心となって実施している。町内には全ての地域に隣組が構成され、地域住民全員が構成員である。そして任期一年ごとにいろいろな役が回ってくる。例えば「組長」とか「体育委員」あるいは「環境委員」等である。どんどん焼きはそのうち「青少年育成会」の当番である。

しかし伊甫がこどもの頃は、すべてを小学生だけでやりくりしていた。現代と比べ昔のこどもには自立心が旺盛だったと痛感させられる。まずヤグラの柱が四本必要だ。それは高さ四～五メートルの竹竿である。少し離れた部落には天井川が流れていて、土手脇には竹藪があった。

それを入手したいが、そこの部落でも小学生達が見張っているのだ。伊甫達は上級生を頭に数人が一列縦隊を組んだ。相手の目をくらますため、主流の釜無川の土手を越えて裏側に周り、腹ばいになりなながら、目的地に向って進んだ。枯草が全身にからみついたが、かまっているひまは無い。これはミニ軍事訓練みたいなものだったが、当時はまったく違和感はなかった。

目的地に着くとあたりを見回した。どうやらそこに相手の見張りはいないようだ。急いで竹を切り倒した。邪魔になる小枝を切り落とすと、リーダーの「逃げろ!」という号令のもと、いま切り取った竹を担ぎながら一目散にその場から遠ざかった。そして腰をかがめながら今きた道を小走りで、基地に戻った。すると総大将が、おまえらよくやったと、一言褒めてくれた。

我々とは別の仲間は総大将の指揮で、各家庭から門松・しめ縄等を集め歩いた。それから近くの山まで、松の小枝を切り取りに遠征する仲間もいた。これらの素材をもとに、みなで協力してともかくヤグラを形作っていった。ヤグラが完成したときは全員の意気があがった。そして流行歌や軍歌を、上級生も下級生も一緒になって歌ったものである。それからどんどん焼き当日までは、上級生が二人ずつ交代で、第三者に放火されないよう、見張り番をたてた。

当日は時間になると、大人もこどもも誰いうとなく自然に大勢の人々が集まってきた。そして小学生の総大将の号令で火が付けられた。小さな火は次第に大きな炎となっていった。伊甫はただ上級生の指示でばたばた動いただけだったが、これまでの苦労が実を結んだと、しばし感慨に耽っていた。

どんどん焼き当日はお団子を焼いて食べるのが楽しみだった。当時は食糧難の時代だったから、お団子はとても貴重でおいしかった。翌日畑がある家庭では、焼いたあとの灰をバケツに入れて持ち帰り、畑にまいた。そうするとこの一年は豊作だといわれていた。

現在でもこの伝統行事は受け継がれている。しかし付近は宅地化が進み、どんどん焼きの場所探しが大変な世の中になってきた。

結婚式へ・父親の同級会へ

伊甫が小学校三年生のときである。従姉妹のお姉さんが隣村へお嫁に行くことになった。自分のところから約一〇キロメートルほど離れたところである。当時の結婚式は花婿さんの自宅で催すのが慣わしであった。食糧事情や式場の広さもあって、出席するのは一軒で一人と決まっていた。父二代目伊甫は体が弱いため、長男の三代目伊甫が一家を代表して出席した。

席に出される料理はすべて手料理で、野菜の煮付けや焼き魚が主だった。ビールやワインは無く、酒といえば地酒の熱燗だけだった。出席者はお互いに盃を酌み交わした。そのお役のため「雄蝶雌蝶」と呼ばれる、少年少女一人ずつが盃の運び屋としてお手伝いするのが慣わしであった、

当然伊甫のところにも盃はまわってきた。伊甫は飲むふりをしてそっとお酒を脇に捨て、軽く会釈して盃をお返しした。しかしこんなことが何度となく繰返されると、しまいには面倒になって一杯飲んでみようかという気分になってしまう。伊甫はそっと飲み干してみた。生まれて初めての酒はほろ苦く、しかしほんのりと体が温まってくるのを感じた。とても快適だった。そのあとも何度かお酒を口にした。

小学校三年生で酒を飲むとは！　しかしこれは不良少年の行為ではない。厳正な一家の主代行として、家と家の絆を結んだだけである。伊甫は将来東京大学を現役でパスしているから、少なくともこのことは健康の障害にはならなかったと言えそうだ。

婚礼が終わると夜だった。田舎の村だから街灯の類は皆無の暗闇である。花嫁さんの一族は提灯をと

もして、世間話をしながらひたすら夜道を歩いた。みな大人で、こどもは伊甫一人だけだった。伊甫は行きも帰りも、黙々とこの一〇キロあまりの道を歩んだ。

夜道の一角には、小さなトンネルがあったことを覚えている。いまはこれらの道路は拡幅され、二車線の立派な舗装道路になっている。平成の今車に乗りながら注意して眺めてみると、トンネルは削除されていた。ただ一部に元トンネルだったらしい痕跡がみられた。

さて婚礼の帰路、みなはまず幼少の伊甫を自宅に届けてから、それぞれの家路に戻った。伊甫は無事任務を全うした。そして婚礼の宴席での残り物の料理をおみやげに持ち帰った。それは翌日の朝食のとき、一家のみなで少しずつ分けて賞味した。

伊甫の父親代行は、結婚式だけではなかった。なんと父親の同級会にも代理出席したのである。それを指示したのは、母花子であった。

伊甫の父親達の同級会は毎年一回行われていた。メンバーは一〇人くらいで、会場は各自の家庭を持回りだった。料理はやはり奥さんの手料理である。伊甫はのこのこと、なにごともないような面持ちで父親の同級会に代理出席した。恥ずかしいとか怖いとか、そんな重圧は全く感じなかった。こんな奇想天外なことを命令する母が母なら、実行する息子も息子である。父親代行は二度くらいあったような気がする。こんなことは現代社会ではまずありえないことだろう。

伊甫は気後れすることはなかったが、会話の仲間入りすることはなく、黙々と料理を口に運んでいた。父親の同級生のみなさんは伊甫を歓迎し、とても可愛いがってくれた。自分の料理をアーンと食べさせてもくれた。それはよいのだがなかには酒が入った盃を差し出して「ちょっと舐めてみろし」とからかう者もいた。例によって酒は熱燗の地酒だけだった。宴席が落ち着いてくると伊甫はどっしりした気分になり、もうどうにでもなれと、ときには冗談にすすめられる酒を多少口にすることがあった。

いやはや伊甫は結婚式やら父親の同級会やら、病弱の父に代わって一家を守るため文字どおり獅子奮迅の活動を強要されたのである。いまから振り返ると、微笑ましい運命のいたずらだったようだ。でも自分は現実に東京大学入試を、現役で突破している。だからあのときお酒を口にしたことは、脳神経を適度に刺激して、頭脳の発育に好結果をもたらしたのではないかと、無理に正当化しているのである。

川原の水遊び

地元には県下でも有名な大きなプールが存在してはいたが、ときには近くを流れる釜無川へ水遊びに出掛けることもあった。いつも仲良しの仲間数名である。通常は水深三〇〜四〇センチくらいでそんな激流はなく、水難の危険性は考えられなかった。ただ祖母ふでから「三川落合」すなわち釜無川と笛吹川が合流して富士川となる、その近辺には絶対ゆくなと、注意されていた。

釜無川の支流には横川とか五明川などがあり、小さなハヤやフナなどがよく釣れた。だから釣りにくる大人やこどもも多く、この流域は多くの住民に親しまれていた。伊甫も時折釣りにきたことがある。もっとも釣りは弟優の縄張りである。また学校では校庭の砂場用にと、金砂を拾いに生徒を動員することも時々あった。

ある夏休みのことである。上級生から突然集合命令がかかってきた。従わなかったら往復ビンタだ。これから川原へ遊びに行くというのである。少し妙な話だが、おしっこを我慢せよとのことである。集団が川原に近づくと対岸で隣町のこども達が水で遊んでいるのが見えた。

上級生から突然腹ばいを命ぜられた。川原の砂地を這いながら、密かに上流に辿りついた。上級生から「さあおしっこをしろ！　大便なら大歓迎だ」とのどなり声が響いた。伊甫達は一斉に川の流れに向って放尿した。それから相手が遊んでいる対岸へ集まった。

伊甫たちは彼らに対して「やーい、てめーら。俺達のしょんべん飲みやがって』と大笑いしながらどなりつけた。すると対岸組ははじめきょとんとしていたが、だんだん言ってることが分かってくると激しく立腹した。そしてこちらに向って川原の小石を投げはじめた。当方も応戦した。しかし小石はそれぞれの数メートル手前で落下し、怪我をすることはなかった。しばらくしてお互いに投げあいをやめ、帰路についた。

伊甫達は川原の笹の陰に蜂の巣を見つけた。みなで砂を投げつけ蜂を追い払った。蜂はしばらく近辺をうろついていたが、そのうちにいなくなった。みなは蜂の巣の中から幼虫をつまみ出した。そしてその幼虫を一個ずつ分け合って食べた。なにしろ食糧難の時代なので、それは貴重なご馳走だったのである。

この日ではないが田んぼの脇の川にいる小さなどじょうをとって食べることもあった。生きているどじょうを丸呑みすると、胃腸の薬になるといわれていたからである。このころは田んぼのあぜや水路はコンクリートでなく、泥んこのなかにたくさんのどじょうが生息していた。それを求めてうなぎが遡上した。大人たちはそのうなぎをさまざまな工夫で捕らえていた。また田んぼには「ぶよ」と呼ばれる小さな羽虫がたくさんいた。それを求めて蛙が、またさらにそれを求めて蛇がうごめく。当時の生態系は実に豊かだった。

民主党政権は「コンクリートから人へ」を標榜しているが、政治家の皆様はこんな望郷の念をお持ちなのであろうか。昔スミレやレンゲの花が咲いていた小川は、いまはすべてコンクリートで舗装されている。だからメダカもドジョウもいなくなってしまった。これからの環境行政は、コンクリート水路を一部でもよいから、昔の姿に逆戻りさせていただきたいのである。

大人と一緒に流行歌

伊甫がこどもの頃は大人もこどももも、上級生も下級生も、みな一緒になって仲良く流行歌を歌ったものである。昨今は若者と年寄りでは全然ジャンルが違っている。どこか世代の断絶が感じられるのである。

伊甫は年上のみなさんからいろいろな歌を教えていただいた。現在伊甫は相当なカラオケ通で持歌が一〇〇曲を越えているが、大半は昭和初期の歌である。当時はほとんどが尋常小学校卒で、その後は青年団に入るのが普通だった。青年団は多彩な活動範囲で、地域社会をぐんぐん牽引しておられた。

青年団の活動のひとつに「演芸会」があった。秋に稲刈りが終わると、空いた田んぼに演芸ヤグラを建て、歌や劇を演じた。住民のみなさんはむしろを敷いて、家族総出で見物し、楽しんだものである。寸劇の合間にはいろんな流行歌が流された。当時は股旅ものがもてはやされた。伊甫はそれらの場を通じて、数々の歌を頭に叩き込んだ。学校でも昼休みなどにこども同士で歌うこともあった。

歌のひとつにディック・ミネの「旅姿三人男」がある。清水次郎長の子分である、大政・小政・森の石松を歌ったものである。演芸会では当然三人男の演舞がついていた。ところがこの歌曲の歌詞には「清水一家」という言葉が見当たらないのだ。伊甫はこども心になんとはなしに淋しさを感じていた。そこで試行錯誤の末に、次のようなセリフをひねり出したのである。小学三年生の頃だと記憶している。

歌詞の三番は森の石松に関するもので、それを示すと本来の歌詞は

「腕と度胸じゃ負けないが　人情からめばついほろり
見えぬ片眼に出る涙　森の石松森の石松　良い男」

これに対し伊甫が作詞したものは

「腕と度胸じゃ負けないが　人情からめばついほろり
男度胸の石松は　清水一家の清水一家の　良い男」

とざっとこんな具合である。この歌詞は厳密には欠陥だらけであるが、とにかく「清水一家」という文句を織り込みたかったのである。伊甫は現在でもこの歌をリクエストした時は、自己流の歌詞で歌っている。

青年団のみなさんは村祭りの日なぞは、当時新酒ともてはやされたウイスキーをストレートでチビチビやりながら、楽しげに合唱されたものである。当時の人気歌手は東海林太郎・上原敏・霧島昇・ディックミネ・岡晴夫・藤山一郎といった面々だっただろうか。父二代目伊甫は、東海林太郎の大ファンだった。

伊甫が気に入った歌謡曲は、「男の純情・藤山」「旅笠道中・東海林」「人生の並木道・ミネ」の三曲が金・銀・銅だった。特に「男の純情」はこども達全員から人気があった。灰田勝彦の「きらめく星座」

の歌詞は「男純情の…」という出だしであるが、それは藤山の「男の純情」をもじったものだと、怒りを覚える始末だった。伊甫は現在、灰田の歌も愛唱している。

伊甫は当時大人が歌う流行歌と、自分達が学校の音楽の時間に教えてもらう唱歌とを重ね合わせることがあった。例えば霧島昇の「誰か故郷を思わざる」である。その歌詞は「花摘む野辺に日は落ちてみんなで肩を組みながら…」とある。皆で仲良く肩を組みながら帰路につく。この情景からこんな唱歌が想起された。

「お手手繋いで野道を行けば、みんな可愛い小鳥となって……

晴れたみ空に靴が鳴る…」

伊甫は何故か両曲は親戚ではないかと感じていた。

また田端義夫の「帰り船」は当時大流行で、大人もこどもも皆で声を合わせてうたったものである。伊甫はこの曲を歌いながら、

「月の潮路の帰り船　かすむ故国よ小島の沖じゃ　夢もわびしく蘇る」

という文句に、次のような唱歌を連想した。

「香りも高いたちばなを　積んだお船がいま帰る　…

いま帰るたじまもり　たじまもり」

舞台は舞鶴港の筈であるが、伊甫は静岡方面の小島の沖だとばかり思っていたのである。

伊甫の父は東海林太郎のファンで、特に「赤城の子守唄」をよく歌っていた。だから伊甫もこの歌が大好きだった。ところがそのうちに「名月赤城山」が飛び出してきた。伊甫はこども心に憤慨した。

「名月赤城山」は「赤城の子守唄」のまがい物ではないかと感じたのである。

いまでは両曲とも、伊甫は歌いこなしている。でも歌いながら、少年時代や父親のことをそっと思い出している。とにかく歌は人々の心を明るく豊かにする。伊甫は当時親しんだ数々の名曲を、いまでも謡い継いでいる。

小学校の授業

終戦の翌年、伊甫は四年生になった。このときクラス替えがあった。伊甫達のクラスは望月忠重先生（故人）が担任となられた。望月先生は二十歳そこそこの代用教員でいらした。しかしこどもの教育には常に情熱を灯して、授業やクラブ活動をご指導されたものである。

まず授業であるが、当時は物資というものが全くなく、筆記用具やメモ用紙が不足していた。テキストも例えば理科の教科書は、表紙に蛙の絵があり、中身はさつま芋や馬鈴薯の作り方が簡単に数ページ、どなたか先生がガリ版で刷られたものにすぎなかった。

こんな状況のなかで、望月先生は数学の授業になんと旧制中学の入試演習問題集を持ち込まれたのである。先生は三年間担任をされたので、この話はもうちょっと先だったかもしれないが、出題は一日一題である。クラス全体でいろんな意見を出し合いながら、みなで一緒になって考えた。六年生になると「鶴亀算」が入ってきた。とにかくなにもない時代に、すごく高尚な授業が展開されたのである。

望月先生は隣のクラスの担任の女性教師と仲良しだった。我々はお二人が結婚されると思っていたが、実際はそうならなかった。それはともかく二つのクラスはみな仲良しだった。そしていつの間にか「鶴亀算」をどちらのクラスが早く解くか、競争になったのである。難しい筈の数学の授業が非常に楽しいものとなった。この経験は将来の大学受験のための基礎学力の蓄積に大いに役立ったと感謝している。

我々はなんとか衣食住に恵まれていた。しかし都会では復興といっても、なかなか一朝一夕に成就するものではなかった。戦後の極貧のなかでも、都会の同級生に比べたら、自分達はまだまだ恵まれたものだっただろう。自分は後日東京大学入試を無事突破できたが、少年時代に苦しい環境を体験された都会の人たちに比べ、この当時の生活環境の差異が、近い将来微妙に影響したのではないかと、ただ感謝するのみなのである。

次にクラブ活動だ。六年生の頃になると国民全体の生活レベルが徐々に向上していった。教育も六・三・三制となった。スポーツでは野球の人気がもっとも高かった。望月先生はクラス内だけで野球チームを結成された。選手は苦しい生活の中からそれぞれがお金を出し合い、軟式ボールやバット・ズックを買った。そして自家製ではあるがユニフォームもお揃いとした。当時としては画期的なクラブ活動だった。記念写真も撮った。

伊甫の守備位置はレフトだった。伊甫はゴロを処理するのが苦手だったが、大きなフライやライナーは上手に捕獲できたのである。しかし肩が弱いのでバックホームはスムースではなかった。

伊甫は投手にはなれなかった。投球はまずまずのスピードだったが、カーブやドロップといった変化球を投げることができなかったからである。また捕手もできなかった。当時はマスクを付けてなかったので、投手の投げたボールが眼に当ることを恐れたからである。

伊甫は打撃には自信があった。早い打球を三遊間に飛ばすのが得意だった。また時には大飛球を飛ばすこともあった。そのため四番打者に指名されることもあったのである。伊甫は打つとき、ボールにバットが触れる瞬間、手首をギュッと効かせることが秘めたる特技だった。

この頃になると用具は一人前となり、ボールは雑巾を丸めたものではなく、正規の軟式ボールとなった。親善試合のときには、白線が敷かれることもあった。当時日本は空前の野球ブームで、友達はみな巨人ファンだった。そして川上選手の弾丸ライナーが、憧れの的だった。

望月先生はいまでいう修学旅行を立案されていた。しかし当時の日本はいかにも貧しく、その日暮らしが精一杯で、ついにそれが実現することはなかった。先生は我々の小学校卒業と同時に退職され、横須賀で公務員に再就職された。

農繁休暇

終戦直後の日本は、農業人口が過半数だった。そしてこどもは農作業の重要なサポーターだった。暫くの制度であるが、小学校では田植えの時期と稲刈りの時期に「農繁休暇」が実施された。期間はそれぞれ二週間である。

農家のこどもは当然農作業に従事させられるが、非農家のこども達もアルバイターとして、行動を共にした。こども達はそのときのお金で、野球のグラブやバットを買ったものである。

伊甫の母花子の実家は大百姓だったので、兄弟でお手伝いに出掛けた。牛や馬も農耕に活用された。その場合牛を歩かせる先導役をこどもがやり、後ですきを取り扱うのが大人だった。こどもの行為を「はなどり」という。伊甫もはなどりを体験した。喉が渇くと小川の水を飲んだ。するとおとなりで牛が飲んでいることもあった。

当時は小川が重要な生活用水で、お米をといだり芋を洗ったり、うどんを水洗したり、一本の流れの水を、何軒もの家庭が共有する時代であった。現在は農薬や下水排泄等があるから、このシステムは皆無となった。

稲刈りはのこぎり鎌で稲の根元を刈り取った。左手で稲を掴み、右手で力いっぱい鎌をゴリゴリさせると、稲はどんどん横たわっていった。小さな蛙がよく飛び出してきたものだ。たまにではあるが女性の悲鳴が聞こえてくる。それは蛇かネズミであろう。

稲刈りはわりあいスムースであるが、麦刈りはなかなかの曲者だった。麦は穂の先のノギが稲よりもごわごわしていて、それが風に舞って背中とシャツの間に入るとさあ大変だ。その痒いことといったら経験者でないとわからないだろう。

農作業の報酬として、昼食だけでなく夕食にありつけるのは有難かった。また食後にうとうとしていると、ラジオから流行歌が聞こえてきた。出だしは「農家のみなさんこんばんは」からはじまり、当時人気の歌が次々流れてきた。当時の代表歌手は渡辺はま子だった。伊甫はこの時間帯を利用して、結構歌謡曲を覚えたものである。

伊甫は当時の体験をもとに、今でも家庭菜園に精出している。地元小学校も独自の畑を所持し、理科の時間には野菜作りを実践しているようだ。

二、将棋およびトランプとの出会い

将棋入門

増穂に大きなプールがあることは紹介済みである。夏休みのある日の午後、次男の修と三男の優が連れ立って、プールへ泳ぎにいった。ところが帰路の途中で夕立となり、あまりに降雨が激しいので近くのおじさん（樋口幸之・故人）の家に飛び込んで雨宿りした。雨はなかなか止まなかった。二人が手持ち無沙汰でもそもそしていると、おじさんが話しかけてきた。

「おまんとう、将棋を知ってるけ」

二人は「ほんなもなあ知らんよ」と答えた。そこで「ほんじゃおせーてやるか」ということになった。おじさんはまず駒を盤に並べた。そして各駒の性能を説明し、禁じ手があることを付け加えた。とにかく一度やってみようということになった。こんな調子で二時間あまりを費やすと、二人はどうやら将棋の基礎の基礎を理解できたようだった。

家に戻ると二人は夜が更けるのも忘れて、将棋に興じるありさまだった。伊甫と四男邦雄は怪訝そうに眺めていた。はじめは「なんだそんなもの」というムードだったが、将棋のルールの説明を受け、一度やってみるととても面白い。今度は伊甫と邦雄が入れ込んでしまった。兄弟は男四人なのでいつも二対二であぶれる者がなく、適当に相手を替えながら、延々と勝負を楽しんだ。

こうして「将棋四兄弟」が誕生した。伊甫が中学一年、修が五年、優が三年、邦雄が幼稚園、おっと米長家は没落して金がなく、邦雄は幼稚園には行かせてもらえなかった。だから「小学校前」と表現させていただく。兄弟の飲み込むスピードもさることながら、おじさんの教え方も相当なものであった。しばらくは兄弟同士で楽しんでいたが、そのうちに友達と手合わせするようになった。

伊甫もいろいろな級友と交流した。始めのうちは伊甫は仲間内で一番弱かった。でも誰よりも熱心で、負けても負けても相手かまわず指しまくった。これは音楽の授業の時だった。伊甫と悪友は最後列に席をとり、将棋を指してしまったのだ。女の先生だったがすぐ呼びとめられた。

「そこの二人、何をしているの?」伊甫と悪友はとっさに駒を隠し、「何もしていません」としらばっくれた。先生は「あとで二人職員室へいらっしゃい」と言い渡された。休み時間になって二人が恐る恐る職員室に顔を出すと先生はおっしゃった。

「私は将棋が悪いとは言ってません。ただやったのにやらないと、うそをつくのが悲しいの」先生は今にも泣き出しそうになられた。伊甫は「これはまずいことになった」と、これから身を慎もうと、自分に言い聞かせた。ただこのことが級友同志ではとんだ武勇伝としてもてはやされた。この頃から「将棋の伊甫」と認識され、仲間内では一番強くなった。

将棋の郷・増穂

伊甫の郷里増穂町（今は隣の鰍沢町と合併して富士川町）は古く江戸時代から将棋が盛んであった。

江戸時代に三段を授与された者が二人存在している。これを認定してもらうためには、推薦人や謝礼など、かなりおおごとだったらしいのだ。だからそんな人物が二人も存在したことは、非常に素晴らしいことなのである。それだけ増穂は裕福で、それは富士川舟運の船着場という地の利と人的交流のなせる業であろう。ここにも「大増穂」の片鱗が覗えるのである。

米長兄弟入門の頃は増穂では、大人もこどもも一緒になって将棋を楽しんだ。大人はみなこどもに好意的で、親切に教えてくれた。町ではあちらこちらで縁台将棋が盛んだった。特に人の出入りが多かったのは米長商店の店先であった。小売の商品は衣類・たばこ・度量衡だった。

夏休みの夕暮れから閉店までが人出はピークだった。当時はブヨという小さな羽虫がやってきて、人の合間をうようよと舞っていた。人々はうちわでブヨを払いのけながら駒を動かした。あちらこちらで待ったや助言が横行したが、なんのトラブルもなく、みな和気藹々に将棋を楽しんでいた。

大人たちはみな酒気を帯びていた。逆にいえば、お酒をひっかけながら将棋を楽しんでいたのだ。当時は車もカラオケもテレビドラマも、なにも無い時代だった。大人にとってもこどもにとっても、将棋が大切な娯楽だったのである。

大人たちは酔った勢いでついロマンな軽口をしゃべる者が多かった。たとえば金作やんというおじさんは、「おれのおかっさんほど話の分るやつはいねえ。おれが咳をひとつするだけで、おれんとこへ寄ってくる」なんてことを自慢していた。伊甫兄弟は全員がこんな洗礼を受けつつも、大人たちに揉まれながらすくすくと成長していったのだ。だから将棋だけでなく、異性のことや世間話や礼儀作法などただ将棋だけではなく、いろんな人からいろんなことを多彩に教え込まれた。

末弟邦雄も同様な状況下で育てられた。幼少ながら大人たちのジョークを素直に聞き入れていた。邦雄はプロ棋士になってからも、サイドビジネスとして講演依頼が各所から殺到している様子である。そして「あの先生の話は面白い」と好評をいただいている。その素質はこんな時期に育まれていたのではあるまいか。

郵便局長さん

兄弟四人の強くなるスピードは、初期の頃はやはり幼長の順だった。伊甫はしばらく弟たちの先導役を果たすことになった。いま伊甫は自宅でこども将棋教室を開いているが、当時もこんな調子で弟たちを教育していたのだろう。

兄弟はしばしば近所の酔っ払いたちの指導を受けていたが、長男の伊甫はいつの間にか自分の方が強くなってしまった。そこでもう少し強い相手を求めていた。すると丁度いやんべー（いい按配）の指導者が見つかった。それは自分の家から三軒お隣の郵便局長さん（深澤一三・故人）である。

局長さんは喜んで兄弟を受け入れて下さった。それに局長さんは博識で数学や理科でも、分らない問題を解説していただいた。たとえば「雨が降って物が濡れると輝いて見えるのはなぜか」と。答は忘れたがこんな難問をずばずばと分り易く説明された。

局長さんの口調は噛んで含んだような、懇切丁寧なものだった。状況を示そう。

「飛車先の歩は交換できたらすぐにやりなさい。一歩手持ちにできるし、飛車が敵陣を直射している。そのため敵の金一枚が拘束される」

「手のない時は端の歩を突け。王様の逃げ道になる」

「王様は飛車と反対側に囲いなさい」

「王様は金銀三枚で囲み、残りの銀は攻撃に使うこと」

「ヤグラ囲いとミノ囲いはよく覚えなさい」

「待ち駒は卑怯ではない。卑怯だと言う方が卑怯だ」


とこんな内容である。現在ではこれらのことは書物やプロのご指導等で簡単に入手できるが、当時はテキストもなにもなかったのである。我々に対する教育もさることながら、局長さんご自身がよくこんなことを整然とご理解されておられたものよと、つくづく感心させられる。

最大の理解は相手に教えることだという。つまり誰かから何か教えられたとき、それを未熟な第三者に説明してみると、いかに自分が分ってないかが痛感できる。そしてこれを何回か繰返すとしっかり理解できるのである。これと同じ原理で、伊甫は局長さんから習ったことを弟たちに説明することにより、自身の理解を深めていった。局長さんの寺子屋教育をベースに、兄弟の将棋は一段と進歩していったのである。

ついに大先生のご登場

局長さんのご指導を受けてから半年ほどすると、伊甫の方が強くなってしまった。局長さんはそのことを、目を細めて喜んで下さった。そして当時山梨県下でも最強のお一人である、望月千代吉さん（故人）のもとを訪問するように勧められたのである。

望月千代吉先生はやはり家の近くで、床屋さんを営んでいらっしゃった。我々兄弟のことは、噂でご存知だったようだ。また望月先生と父伊甫は同級生だった。これと前後して伊甫は近所の本屋さんで、塚田正夫名人著「将棋入門」を見つけていた。それには六枚落から順次各駒落に対する必勝定跡が掲載されていた。

伊甫はまず六枚落からスタートさせていただいた。伊甫は必死になって定跡を自習し、その結果を望月先生にぶっつけた。将棋定跡は駒落が大きいほど、その必勝法は単純明快なものになる。伊甫兄弟はその駒落定跡をベースに順次複雑なものへ、そして最後は平手へと登りつめていった。はじめの頃は末弟邦雄は王様と右金一枚からであった。勝負というよりは、駒の動かし方を訓練するという意味合いが強かった。

伊甫は必勝定跡によって、簡単に勝てるものと考えていた。事実第一局は定跡どおりに勝たせていただいた。しかしそれからは望月先生は次々と「定跡はずれ」の手をお指しになり、なかなか勝たせてもらえなかった。しかし兄弟の真剣な態度が伝わり、先生のご指導も徐々に熱が入ってこられた。

邦雄はまだ小学校低学年だったが、時にはただ一人で出掛けることがあった。先生宅につくと開口一番「チヨちゃん、将棋をやらだー」と話しかけた。先生はにこにこされながら「先生のことをチヨちゃんなんて呼んじゃあだめじゃねーか」と諭しながら、お菓子を手渡してくださった。家が貧乏だったので、邦雄は将棋よりもお菓子の方が目的だったようだ。

伊甫と望月先生の六枚落ははじめ伊甫が劣勢だったが、徐々に勝率があがり、半年余りで卒業させていただいた。塚田名人の定跡手順には角が相手の金と刺し違え、代償に飛車が敵陣に進入する箇所がある。伊甫は少年なりに、飛車が成ることがいかに重要かしみじみと悟ったものである。

望月先生と次の対戦は四枚落だった。これにもやはり必勝定跡がある。しかし六枚落定跡と比べると、かなり複雑で高度なものだった。江戸時代にはプロ志望のアマ棋士は、まず師匠と四枚落で指導を受け、そのときの内容を参考に入門させるかどうかを判断したとされている。

定跡手順ではまず飛車先の歩を交換し、その歩を隅に垂らし、棒銀を繰り出し、その銀を犠牲に「と金」を作って優勢になるというものである。伊甫はこの手順から、「と金」の重要性を強く認識した。この頃邦雄は片金から両金に格上げされていた。

伊甫は四枚落も半年程度で卒業した。次は二枚落ち、いわゆる飛車角落である。二枚落にも「銀多伝」という基本定跡がある。ここでは下手も王様をしっかり囲う。四枚落と六枚落では王様を囲うことがなかった。だから定跡はこれまでとは比較にならないほど高度なものだった。はじめのうちは、全く歯が立たなかった。もたもたしているうちに、伊甫は中学を卒業した。

烏賊のおじさん

話を二〜三年巻き戻そう。米長家に小清水清明さん（故人）という青年が顔を出されるようになった。小清水さんは将棋は全く無縁であったが、トランプはなかなかの達人だった。

米長家はパチンコ屋さんの他にパーマネント屋さんにも店を貸していた。パーマ屋さんは美人四姉妹が運営していた。長女のスミさんは準ミス山梨になるほどの美人である。当然閉店近くになると町の若者が続々と押しかけてきた。しかし小清水さんは美人には見向きもせず、スルメを肴に黙々と酒をあおり、伊甫兄弟にトランプを教えて下さった。兄弟は小清水さんのことを「烏賊のおじさん」と呼んで親しんだ。

小清水さんは海軍に志願し、船が皆無になったので陸にあがり、ベトナムで終戦を迎えた。当時ベトナム国民はフランスと独立戦争を繰り広げていた。そんなとき日本軍が残した武器と医薬品が大いに役立ったという。小清水さんたちはとても好意的に優遇されたという。シベリア抑留とは天と地の差がある。小清水さんの戦友が「ウルトラ」という高度なトランプゲームを持ち出し、みなで悠々と捕虜生活を送ったそうである。

「ウルトラ」はコントラクトブリッジに酷似したゲームである。主な違いはブリッジは強弱がどのスーツもA（エース）・K（キング）・Q（クイーン）の順であるのに対し、「ウルトラ」は切札のJ（表ジャック）が最も強く、次に同じ色のJ（裏ジャック）が強いのである。得点はブリッジとほぼ同じである。伊甫は遠い将来このブリッジで日本一のタイトルを獲得しようとは、その時はまったく夢想だにしなかった。

「ウルトラ」はブリッジと同様に四人でプレーし、互いに対面同士が味方になる。それは四兄弟にはとても都合のよいものだった。ゲームするときは伊甫と四男および次男と三男がペアを組んだ。はじめは小清水さんがコーチして下さったが、そのうち兄弟だけでもプレーできるようになった。「ウルトラ」は非常に奥の深いゲームで、こどもにとっては少し高度過ぎていたが、兄弟はすっかりその虜になってしまった。

兄弟はまず二対二で将棋を指し、それに飽きると「ウルトラ」に移った。それにも飽きると、「ツーテンジャック」や「神経衰弱」などいろんなトランプゲームに興じた。兄弟は将棋とトランプの両刀使いとなった。

こんな難易度の高いゲームを持ち込んだ小清水さんと、それを受け入れた伊甫兄弟と、普通の田舎ではとても考えられない現象である。ここにも「大増穂」の匂いがするのである。

三、中学でのできごと

野球部と別れる

伊甫は野球がとても好きだった。得意の守備ポジションはレフトだった。そして打撃のスキルもまずまずのものだった。長打は少なかったがサード方面へ鋭いライナー性の早い打球を飛ばしたものだった。当時はプロ野球のオールスター戦が東西対抗形式だったので、ほとんどの少年が東の巨人軍のファンだった。とくに川上哲治選手の弾丸ライナーは憧れの的だった。当然テレビはなく、実況放送はＮＨＫ第二放送で扱われた。ところが第二放送が受信可能なのは、郵便局の局長さん宅だけだった。そこで日曜日には少年たちがみなで押しかけた。音声がとても小さかったので、みな耳元をラジオに近づけ息を呑んで実況放送を聞き入った。有名な選手の名前はみなで覚えていた。

伊甫は巨人ファン・川上ファンで、将来の夢はプロ野球の選手になることだった。だから当然野球部に入部した。しかし野球部顧問の芦澤秀男先生（故人）は私を職員室にお呼びになり、つぎのようにおっしゃられた。

「普通のスポーツと学問は両立できるが、野球だけはできない。君は野球部を退部して、学問で身を立てよ」

ということで、伊甫はあっさり野球部を諦めた。

芦澤先生のこのアドバイスが伊甫の人生行路をぐっと絞ることになった。先生は伊甫が二年、三年のとき、担任になられた。理科の先生だったが、化学実験なども取り入れ、とても片田舎とは思われない高度な授業を取り入れて下さった。授業では空気が熱で体積を増やすことや金属が長くなることなどを上手に説明して下さったが、とても強く印象に残ったので、伊甫は級友のみなさんと相談し、「膨張先生」というニックネームをプレゼントした。伊甫のクラス有志はあれから六〇年を経た現在でも、「膨張会」という団体名で毎月一一日に懇親会を開いている。

伊甫は野球部を退部したが野球は止めたわけではない。天気がよい日には級友につつかれて、委員長をしていた伊甫は芦澤先生に「今日は授業を止めて野球をさせて下さい」とお願いをしたものである。これはたまにはOKになった。

盆地一周競歩大会

伊甫が一年生の冬である。学校から突然盆地一周の競歩大会が発表された。発案者は矢崎聰司先生（故人）だった。早朝六時に校庭を出発し、鰍沢から富士川橋を渡り、市川大門から桃林橋を渡って甲府郊外にある荒川の土手を通り、国道五二号線のバス道に沿って中学まで戻るという、まさに奇想天外な壮大なものだった。総距離はなんと四八キロなのである。しかし男女を問わずほぼ全校の生徒が参加に応じたのである。

当時は自動車の交通は皆無に近かった。全体で一〇箇所の関門が設けられた。そこでハンコをついてもらう。関門では水やおにぎりなどが用意された。道路はごく一部にアスファルト舗装されているだけで、ほとんどが無舗装だった。今と違って道路の両側は桑畑が多かった。だからトイレも畑で容易に済ますことができた。履物は全員がワラジだった。生徒は替えのワラジを二〜三足、わら縄で体にたすきに結び付けていた。

優勝タイムは三時間弱だった。伊甫は走ったり歩いたり時々休んだり、結局九〇〇人の中で一七位という好成績を収めることができた。しかし足の筋肉がすっかり硬直し、びっこをひきながらようやく家にたどり着いた。誰もみな同じだった。足のびっこは一週間くらい続いた。しかしこの催しはみなから絶賛された。

この大会は数年続いたが、自動車が増えたり、保護者から「無茶は止めろ！」といった文句が出たりして、ついに大幅縮小されてしまったのである。後日伊甫が工学博士を取得したとき、郷里で恩師や同級生は盛大な祝賀会を催していただいた。そんなときみなの口からはこの競歩大会の記憶が一番の思い出になったと、話に花を咲かせた。

これを聞いた創案者の矢崎先生はおっしゃられた。「実は先年保護者の皆さんから、無謀なことをするなと、袋叩きにあったんだよ。君達の話を聞いて、すっかり嬉しくなりました」そこで我々は「先生こそこんな立派なことをやられて、心から感謝しています」と激励の言葉をお返しした。現在はオール舗装の上交通量も多くマラソンどころではない。まさに「今は昔」のイベントであった。

一年間の柔道

日本は敗戦によって、GHQから柔道や剣道が禁止されていた。しかし国民は進駐軍とは全くトラブルがなく、平穏な年月が流れていた。そんななかで柔道と剣道を嗜むことが許可されたのである。ついでに東海林太郎さんも歌を復活することが許された。それは昭和二六年、伊甫が三年生のときだった。

増穂中学はさっそく柔道着を数着用意した。しかし部員がなかなか集まらない。それでは学校は格好がつかないではないか。当時生徒会長だった伊甫は、学校命令で強制的に柔道部へ入部させられた。部員は一〇人ほど集まった。町でも柔道が盛んになり、増穂小学校の広い和室が道場として使用が許された。

夏休みになると「第一回山梨県中学生柔道大会」が開催された。全県から五校が参加した。一校五人の団体戦である。実はたった数着の柔道着であるが、それを購入できたのは県下でたった五校だけだったのである。当時の日本がいかに貧しい国だったが推察できる。伊甫はここでも「大増穂」の恩恵を受ける形になった。

大会では増穂中チームは順調に勝ち進み、ついに全勝どうしの決勝を迎えた。伊甫は中堅だった。チームは一勝一分で伊甫の番になった。勝てば優勝に王手、負ければ振り出しという大切な勝負どころである。伊甫は一礼すると互いに相手の襟元を掴んだ。最近の柔道は特に国際試合でなかなか相手に組ませない光景をみかけるが、それは邪道だと感じている。それはともかく、伊甫の相手は少しちゃかちゃかした感じで、しきりに足技をかけてきた。それをみて伊甫は「反し技でなんとかしよう」ととっさに判断した。相手は内股を仕掛けてきた。右足を折り曲げて伊甫の膝小僧にあてがい、左足で一本立ちした。伊甫を投げようと左足のかかとを持ち上げ、つま先で全身を支える状態になった。

伊甫はその瞬間を待っていた。左足で相手の足元をさっと払った。そして両腕で相手の上半身を反対横に強く引いた。相手の体は水平になって宙に舞い、どすんと落下した。審判の「一本！」という大きな声が響き渡った。とても嬉しかった。その後副将と大将も一勝一分となり、通算三勝二分で初回大会の優勝を飾ることができた。ただ当時の事務局体制が不備だったので、正式記録として残されているかどうかは不明である。

冬休みになると町の主催の柔道寒稽古が催された。伊甫も仲間とともに参加した。午前五時からで、道場は例の小学校の大部屋である。道場には焚き火も火鉢も、暖房装置は皆無であった。とにかく寒かった。しかし大人もこどもも、まさに冬の寒さにも負けず、リーダーの青木さん以下全員が一週間の活動を無事消化した。

伊甫はこの一年間で柔道はぴたりと止めた。後日の話になるが、東大入学の折この実績を書いたら、柔道部からしつこく誘われたが、伊甫はかたくなに辞退した。でも柔道は楽しい思い出ばかりである。

四、高校時代の思い出

東大を知る

米長家はどうやら一息ついたので、伊甫は高校に進学することになった。巨摩高校といい、かつて母花子が通ったことのある女学校が、二年前から普通高校に改組されたものである。伊甫は男子として第三期生であった。伊甫は大学進学は考えていなかったので、商業科に○をつけた。そしたら母花子から、普通科に訂正するよう言われた。

高校では順調に滑り出すことができた。成績も思ったよりスムースだった。するとそのうちに誰いうとなく「君は東大だ」と話し掛けてきた。伊甫は東大なんて言葉ははじめて耳にした。帝国大学のことは知っていたが、それが東大になったなんて、なにも知らなかったのである。しかし級友の話を総合すると、東大は学費が安く、奨学金や授業料免除があって、お金がなくてもやっていけるというのである。伊甫は「自分には金がないから、なんとしてでも東大にいこう」と決心した。伊甫の本格的な受験準備がはじまった。

東大では理科Ⅰ類を選択した。各学科のなかで最難関といわれているが、自分の適性はそれでしかなかったのである。受験科目は国語・英語に数学と理科と社会各二科目で合計八科目である。数学と理科の二科目は選択の余地がなかった。問題は社会であるが、伊甫は人文地理と世界史を選んだ。日本史の方が楽かもしれないが、伊甫は中学時代から日本史と文学史が苦手だった。大変な冒険であるが目を瞑って世界史とした。しかしこのときの思惑が、入学試験の本番で思わぬ幸運を呼び込むことになったのである

現在は各進学に対して偏差値だの重圧だのと書きはやされているようであるが、その頃の伊甫にはそういった感覚はまったく存在しなかった。とにかく諦めていた大学進学が実現されつつある。その運命に感謝して、純粋に勉学に励むのみであった。ただし単純なガリ勉でないところが、伊甫の本来の姿なのである。

嵐の白根三山縦走

高校で最初の夏休みにみなで登山しようということになった。三〜四日宿泊の予定でどこか行こうというのである。ところが集合場所の甲府駅に現われたのは、伊甫と上級生の女生徒二人だけだった。後で知ったことであるが、台風が接近しているので計画が中止されたというのである。しかし増穂は学区のはずれだったため、連絡が届かなかったのだ。女生徒二人も増穂だった。

三人は不審に思いながらもとにかく韮崎駅まで赴いた。女生徒は「私たちは青木鉱泉に一泊して帰ります。あんたはどうするの」と話しかけた。伊甫がもたもたしていると、三〇歳くらいの登山のベテランらしいのが近づいてきた。そしてこう話しかけてきた。

「君は一人でどうしたの」伊甫がこれまでの事情を説明するとベテランさんは「どうかね。私と白根

を縦走してみないか」と持ちかけてきた。

人から話し掛けられれば、それを断れないのが伊甫の身上だ。自分は地下足袋で相手は本格的な登山靴だった。でもなんとなく信頼できる人物だと感じていた。伊甫は思わず「宜しくお願いします」と口にしてしまった。青木鉱泉からいよいよ登山開始である。まず地蔵岳の鳳凰小屋目指してどんどこ沢を登っていった。ところが途中で日が暮れてすっかり暗くなってしまった。伊甫は懐中電灯を取り出した。でも驚いたことにスイッチが入っていて肝心の電池がすっかり余力をなくし、そのうちに電池切れになってしまったのだ。二人は暗闇のなかを手探りで登っていった。

ベテランさんは「もうすぐだから心配はいらないよ」と声かけてくれた。そのうちに山小屋の灯りが見えてきた。二人で「おーい」と大声を出すと、間もなく山小屋から二人の男が提灯をぶら下げて、迎えにきてくれた。やれやれ助かったとほっとした。

二日目は地蔵岳・高峰から野呂川まで下り、川伝いに下ってまだ明るいうちに広河原小屋に着き、そこへ宿泊した。現在はここまで甲府盆地から車で簡単に来れるが、当時はこんな苦労を要したのである。広河原小屋は若い兄弟が経営していた。小屋には弟だけがいた。曰く「兄貴は釣り狂いで、今日も出かけている」

三日目は白根の主峰北岳を目指すことになった。その途中、「草すべり」から「小太郎尾根」を歩く頃から風雨が激しくなってきた。雨具を取り出してそれをまとい、一歩一歩と肩の小屋を目指して進んだ。不思議なことに遭難に関する危機意識は全く無かった。肩の小屋で休息しているとベテランらしい登山客の一人が「坊やよく来たね」と話しかけてきた。そして「なるべく一二時になる前に眠りなさい。

それを過ぎると寒くて眠れないよ」とアドバイスしてくれた。

四日目は激しい土砂降りのなかを白根三山、北岳・間ノ岳・農鳥岳を順番に越えて行った。農鳥岳を越えたところで昼になった。当時は米と飯ごう持参で、それを山小屋で炊いてもらっていた。しかし豪雨のなかリュックは貴重な防寒具であった。それを脱ぐと雨にうたれて凍死してしまうので、脱ぐことができないのだ。そこでお互いに相手のリュックのポケットを開け、飯ごうの蓋を開けて米飯を手掴みに口へ運んだ。

しかしおかずが無いのだ。ところが丁度うまい具合に近くに食べ残しの梅干が二個とたくあん二切れがそっと置いてあった。誰かの親心であろう。二人は大喜びでそれを仲良く一個ずつ大切に食べて飢えを凌ぐことができた。

間もなく無人小屋の大門小屋に辿りついた。ここで濡れた下着類を全部リュックの中のものと取り替えた。伊甫はさらに残った衣類を背中と上着の間に詰め込んだ。とっさの防寒処置である。ベテランさんは「ここまで来ればもう大丈夫だよ」と優しく話しかけた。

大門小屋を出て一時間ほどすると、雨足が止まってきた。さらにしばらく下ると、土地の母娘が畑で野菜を摘んでいる姿が見えてきた。伊甫は無事生還したことを確信した。それから車道に出た。すると丁度旅館の車が通りかかり、送ってもらった。

西山温泉の旅館は二軒あるが、より庶民的な蓬莱館に宿を取った。旅館で記帳しリュックを脱ぎ、背中に詰めた衣類を引っ張り出した。それを見た女将さんは、「まるで手品師みたいね」と明るく笑った。さっそく風呂へ飛び込んだ。

風呂は混浴だった。風呂場に入るとすぐ対面で、風呂上りの若い女性が歌を歌いながら鏡の前で立っていた。伊甫は女性の裸体ははじめて目のあたりにした。しかし当時は別にごく普通のことだった。女性は登山で鍛えたのか贅肉の無い筋肉質の細い腕をしていた。腰のあたりがくびれお尻が盛り上がり、その後姿はなんともいえない曲線美だった。伊甫は天女にでも会ったような気がしながら、浴槽につかった。

ベテランさんと夕食を済ませ部屋に戻るとお隣さんがやけにうるさいのだ。そっと障子を開けてのぞいてみると、五～六人でなんと将棋を指しているではないか。みな別々の部屋から一緒になったらしいのだ。伊甫はだまって仲間入りした。一人強いのがいて、他は歯が立たなかった。

勝負が一段落したとき、伊甫は小さな声で、「是非一番お願いします」と申し出た。すると強豪さんは「うん。よしよし」と承知してくれた。内容は一進一退だったが伊甫が勝利した。すると強豪さんはすっかり熱くなり、もう一番と逆に申し入れてきた。伊甫は若かったので遠慮ということを知らなかった。三番立て続けに勝ってしまった。強豪さんは「坊やなかなかやるね」とにこやかに話し掛け、お開きとなった。

翌日はバスで西山温泉から早川橋に出て、乗り継ぎで甲府に向った。伊甫の家はその途中にある。ベテランさんにどうぞ我が家へとお誘いしたが、甲府へ向われた。その翌日高校の教師が級友数名を伴って我が家を訪ねてきた。伊甫の武勇伝に耳を傾けとにかく無事を祝ってくれた。そして学校にはしばし内緒にしてくれということで話がまとまった。伊甫にとって実に中身の濃い体験であった。

久夢流棋士との遭遇

伊甫は中学卒業までに、望月千代吉先生になんとか二枚落すなわち飛車角落までこぎつけることができた。しかしこの手合いは相当の難題で、指し手の複雑さは四枚落や六枚落の比ではなかった。事実地元の増穂では、ほとんどの将棋愛好者がこの手合を卒業できなかったのである。

そんなとき、とある変化が訪れた。放浪の棋士・間宮純一六段（プロ・故人）が望月先生宅をひょっこりお訪ねになられたのである。さっそく伊甫も呼ばれ、望月先生から、四枚落でご指導受けるようにいわれた。

間宮プロは王様を戦いのど真ん中へ繰り出し、「入玉」といって王様が敵陣深く潜り込んで勝利するという、奇想天外な棋風をお持ちで、ご自身はそれを「久夢流」と自称されておられた。参考までに、将棋はなんと敵陣が一番の安全地帯なのである。但し敵の駒が戦闘に駆り出されて前へ進み、自陣ががらっぽになっているという条件付である。

間宮プロは新鋭の若手プロにその戦法の弱点を研究されて次第に勝率が下がり、ついにプロの座を追われてしまったのである。それからの間宮プロは諸国放浪の身となった。プロは無類のお酒好きで、リュックに生活用品を詰め、片手に真鍮のコップを握っておられた。細々とアマ愛好家の宅を渡り歩いて、将棋を指導された。そして一宿一飯のお世話になっていた。

そんなとき金銭を要求されることはなかった。プロは負ければチャラ、勝ったときは手持ちのコップに焼酎を注いで貰い、ぐっと飲み干されたのである。諸国のなかでも特に山梨県のアマ愛好家の面倒見がよかったようである。プロは晩年を山梨県の身延町で過ごされ、息を引き取られた。伊甫の自宅にはプロ直筆の俳句の短冊がある。それには「碁敵も句の友も無し秋の暮れ・純一」とある。こんな句から、プロの純真な晩年が忍ばれるのである。

それはさておき伊甫はプロに四枚落で三番ご指導いただいた。初めてのプロの先生との対局にはじめはすこし緊張したが、そのうちになにもかも忘れて夢中で指し進めた。伊甫は三連敗した。最後の局は優勢で勝ったと思ったら「王手飛車取り」で大逆転となった。プロから「君はなかなか見込みがある。うんと頑張れ」というお言葉を頂戴した。そのあとは望月先生とプロの平手の指導対局を観戦させていただいた。

望月先生と平手に

間宮プロとの対戦は、伊甫にとって貴重な経験となった。また望月先生がプロに負ける姿をみて、上には上がいるものだと感心した。なんだか自分の将棋も少し幅がでてきたような気がしてきた。高校一年の秋頃に先生に対し二枚落で三連勝した。いつにない完勝の連続だった。先生から「これからは平手で指そう」と言われた。

通常なら二枚落の次は飛車香落・飛車落・角落・香落と続くものであるが、先生は伊甫の上昇の勢いを実感されたのであろう。その頃は将棋の平手の本なんて、ほとんど見あたらなかった。だいいち世間には、将棋に金をかけようなどという風潮がなかったのである。

少し汚い話で恐縮であるが、当時はトイレは水洗ではなく、ペーパーは古新聞を刻んだものだった。

あるとき伊甫はトイレで用をすませ、新聞紙でお尻を拭おうとしたときのこと。なんとそこの記事は「木村・塚田」名人戦のひとこまであった。当時は「角替腰掛銀」が大流行していた。その記事には双方の駒組みが頂点に達した図が掲載されていた。

棋譜はそこからの攻防、すなわちかの有名な「木村定跡」そのものの進行であった。伊甫は臭いトイレのなかであることを忘れ、夢中で観戦記を読みあさった。そして「腰掛銀」とは何か、「木村定跡」とはなにか、直感的に感じ取ることができたのである。まったく予想だにしない収穫であった。これを契機に伊甫は腰掛銀戦法を、得意な戦術の柱として育んでいった。

木村義雄名人（故人）は、腰掛銀戦法に対し先手必勝を宣言された。しかしプロ同志ではいろいろな対策が工夫されていた。ただ最標準形の駒組みは姿を消すことになった。

伊甫は望月先生にこの戦法で何度も何度もご指導を受けた。最初の一局は例によって、定跡どおりに指して伊甫に花を持たせて下さった。でも二局目からはそうはいかなかった。伊甫は連戦連敗で叩きのめされた。しかし伊甫は先生と平手で指していただけることに、誇りを感じていた。そして負けても負けてもご指導をお願いし続けた。

ついに県名人に

伊甫が高校二年になる頃は、望月先生に平手で三番に一番は勝たせていただくようになった。自分でもなんとなく有段の域に近づいていることを感じとっていた。そして夏休みのある日先生に珍しく連勝すると、「県大会に出てみないか」とおっしゃられた。勿論武者修業、あるいは体験のつもりであったろう。

父二代目伊甫は手まめに日記をつけていた。最近になってそれを発見して通読してみた。日記によれば県大会は九月四日とあった。会場は県の将棋界大御所である山口吉次郎さん（故人）宅であった。その日伊甫は一人で少し早めにお邪魔した。

山口さんは甲府市でガラスの問屋を営んでおられていた。望月先生からおよその位置を教えられていた。ご自宅の店先で奥様が箒の掃き掃除をなさっていた。伊甫が挨拶すると奥様は「今日はA級の試合だからこどもはあっちへゆきなさい」と言われた。伊甫が「そのA級の試合にきたのですが…」というと、奥様はけげんそうに伊甫を見ていたが、「そうですか。じゃあお入りになって」と、奥へ通していただいた。間もなく望月先生がいらした。

参加選手は十数名だった。伊甫はなんとかベスト四に進出した。準決勝の相手は当時県下最強といわれた吉村さん（故人）だった。戦局は腰掛銀となった。激しい攻防となったが、伊甫は思い切った「遠見の角」を打ち、それが敵陣に成り込んで「馬」となった。局面は吉村さんがやや優勢だったが、ほんの一手緩着が出た。伊甫の王様は際どく難を逃れ、馬が待つ敵陣へと進んでいった。

伊甫玉は入玉模様となった。もう捕まることはない。しかし吉村さんも入玉を狙えば、駒数で勝敗はどうなるか分らなかったろう。でも吉村さんは若輩の伊甫に苦戦したことに嫌気をさし、あっさり投了して下さった。残りの準決勝は望月先生と新井さんだった。新井さんも県下強豪のお一人だった。しかし望月先生が勝利した。

さあ大変だ。県代表を賭けて師弟の大決戦である。伊甫は勝つことは考えていなかった。ただ純粋にいい将棋が指したかった。ところがである。望月先生は「東京には若いのに行ってもらおう」とおっしゃられた。伊甫はびっくり仰天した。周囲からもどよめきが起った。

府県のアマ名人戦の決勝戦が不戦勝なんて記録は絶対にあり得ない出来事である。しかしそれが現実のものとなったのだ。伊甫は望月先生の広い志を痛感しながら、有難く代表の意思表示をおこなった。伊甫はベスト四の吉村さんには、この一局を除き一度も勝ったことがないのだ。だから優勝は実力ではなく、いくつかの奇跡が重なったものだと考えている。

一六歳という県名人最年少記録は三七年間保持されることになった。記録は成瀬君によって破られた。彼は中二で県名人になった天才である。成瀬君は奨励会の受験に失敗した。しかし東京大学には現役で合格した。ところが東大入学後は一切将棋から遠ざかり、大学では剣道部に籍を置いたと聞き及んでいる。

将棋東日本大会

県大会の翌日、地元新聞社の記者が取材のため高校へやってきた。伊甫は「自信はありません。ただ若さで頑張ります」と応対した。その翌日新聞には「一六歳にして県代表・巨摩高校米長君」という見出しで、大きく報道していただいた。級友からも祝福された。

県大会の折、山口さんから餞別として千円いただいた。山手線が一周で一〇円の時代である。これは山口さんの個人負担のものだった。大会は埼玉県大宮市民会館だった。母方の祖父が付添として同行してくれた。宿泊は佐瀬勇次先生（故人）宅をお願いした。当時は山梨県にはプロ棋士がおらず、佐瀬先生の奥様が甲府のご出身というのが、唯一のつながりであった。だから県代表になると、佐瀬先生のお世話になるのが当時の慣わしであった。

大会初日は佐瀬先生も同行して下さった。開会式では若林前名人のカップ返還があった。この時から若林さんの名前が伊甫の脳裏に刻みこまれた。将来東京での職域団体戦等でお付合い願うことになったのである。

第一局は千葉県代表四段だった。どんな戦局か覚えていないが、一手争いの際どいものだったような気がする。伊甫が相手玉を端に追いつめ香を遠くから打って王手した。詰むかどうか自信はなかったが、相手は「これまでですね」といって投了してくれた。祖父の話だと、相手は伊甫をすっかり見くびっていたが、途中からすごくまじめな顔つきになったとのことだった。

第二局は一勝同志で、新潟県代表だった。相手は中飛車戦法だった。伊甫はうろ覚えの「五七金立」で対抗した。途中まで指し易かったのであるが、相手は自陣に桂馬を控えて打った。その時の勝負への執念のような態度に、伊甫はなにがなんだかわからなくなってきた。そして完敗した。それを観戦されていた佐瀬先生が「こう指せば良かったたじゃないか」とびしびし敵陣を破壊させてみせた。

第三局は一勝一敗同志で、再び千葉県代表と当った。伊甫は序盤を大優勢に進めた。どう指しても勝ちのようだったが、そこを勝ちきることができなかった。かくて大会は予選失格となった。しかし県代表の功により、「アマ初段」をいただいた。当時は県代表で初段、全国名人で三段だった。東京都では関根プロがまだお若い頃で「関根一級」として都代表になられたものだった。

この大会では佐藤大五郎プロが、やはり高校二年生で北海道代表として参加されていた。佐藤さんは準優勝し、それをきっかけとしてプロ入りされたのである。ただ伊甫は将棋入門が中一だったので、プロは無理だと分っていた。当時は就職難だったので、大学入試に失敗したら「連盟職員」にでも拾ってもらうことになっただろう。

県名人余波

この度の将棋県大会が終わった日の夕方、山口さん宅では伊甫の優勝が話題となっていた。お嬢さんの華子さんは夕食のとき「お父さん、今日は誰が優勝したの」と尋ねた。

山口さんは「増穂からきた若いのが優勝した。えらい時代になった」と呟き込みながら話した。奥様も「まああのこどもがねえ…」とびっくりされた様子だった。ただ山口さんは全然別のお考えをもっていらっしゃった。

既述のとおり山梨県にはプロ棋士が存在しなかった。そこで山口さんはかねてから県出身のプロ棋士の誕生を夢見ておられたのである。伊甫のことをいろいろお調べになられた。人伝てではあるが、伊甫には男の兄弟が四人いて、全員がそこそこ将棋を指すことをお知りになられた。そして末弟邦雄に目をつけられた。

山口さんが重視したのは、将棋に入門したときの年齢である。プロになりある程度高段者になるためには、とにかく若くというより幼くなければいけないのだ。ご本人は直感的にそうお考えだった。山口さんはそれからしばしば米長家を訪問し、母花子と繰り返し懇談を重ねた。

母花子ははじめ将棋が職業なんてことは聞いたことがなかった。だから何を言われても半信半疑だった。しかし母は山口さんがあまりに熱心なので、次第にそのお話に心を開くようになった。母は後日、五人のこどもと病弱の夫を抱えていて、少しでも負担が軽くなればと、むしろそんな気持ちで申し訳ないことをしたと述懐している。

それよりもなによりも邦雄の気持ちが第一である。邦雄は将棋が根から好きだった。また地元の望月先生も後押しして下さった。そしてなによりも山口さんご一家の、奥様と華子さんの明るい家庭コンビが絶妙だった。山口さんは「東京の生活費は全額無償で負担する。もし棋士に失敗したら、ガラスの小売店を一軒もたせてあげる」との条件を切り出され、これが進路を決定付けることになった。

伊甫は受験勉強に追われていた。しかしその合間を縫って、気晴らしに兄弟で将棋を指した。また気分転換にトランプの「ウルトラ」も楽しんだ。これまで相当な差があった兄弟の将棋の実力は、徐々に縮まってきた。特に邦雄の上昇が目立ってきた。望月先生は伊甫との対局は遠慮し、指導エネルギーを邦雄に絞るようになっていった。

模擬試験

伊甫は将棋の東日本大会で三日を費やした。それから間もなく高校の修学旅行があったが、伊甫はそれをキャンセルした。このうえ受験勉強を端折ったら、大学入試に失敗してしまう。なんとしてでも空白の三日間を取り戻したかったのである。だが旅行のキャンセルは、なんともいえない淋しさが込みあげてきた。

そんな折東京大学本郷キャンパスを会場とした模擬試験が催されたのである。伊甫は修学旅行の埋め合わせだと、これに飛びついた。試験は一日だったが日帰りはできない。そこで祖母ふでは亡くなっていたが、その遠縁にあたる八王子の親戚に一泊させていただいた。

ところがおじさんがご親切で、伊甫を本郷まで案内してくれた。そして試験が終わるまで終日待っていてくれた。昼食もご馳走になった。伊甫が寿司が食べたいというと、「贅沢を言うな」とお叱りになり、一番安価なざるそばを注文した。でも食事だけでなく往復の交通費も出してくれた。祖母ふでの一族は仲間意識が強く、みな仲良く支えあっていた。

後日模擬試験の結果が自宅に届いた。伊甫が予想していたとおり、惨敗だった。数千人の受験者のなかで、丁度中位だったのである。しかし伊甫は慌てなかった。そんな時自分の将棋を振り返ってみた。自分はいまは友達の中では抜群に強い。だが覚えたての頃は一番弱かった。それが切磋琢磨しているうちに、一番強くなったではないか。勉強もこれと同じでなんとかなるだろうと、極めて楽観的だった。

伊甫は根からの田舎人だった。大学受験で一番心配だったのは、会場までの交通だったのである。どこに泊まるのか。会場まで迷わずに往復できるだろうか。そんな不安が脳裏を掠めていた。だから今回の模擬試験は学問よりもそちらの心配解決に大いに役立った。

優等総代をふいに

伊甫は自分でいうのはおかしいが、学業成績は相当なものだと自覚していた。小学校でも中学校でも優等総代だった。高校でもひょっとしたらと思っていた。だが卒業式が近づいても、学校から音沙汰はなかった。伊甫にはおよその察しがついていた。

三年生の秋の運動会の最中のことである。あるいはその前の練習の時だったかも知れない。久しぶりの激しい運動のため、すっかり喉が渇いてしまった。そこで悪友達数名と共謀して近くの果樹園に入り込み、果物を失敬したのである。高校の付近一帯は県下でも有名な果樹特産地だった。伊甫は大した損害ではないだろうと思っていた。

だが翌日果樹園の持主から学校へ苦情が届いたのだ。はじめはみな内緒にしていたが、なんとなく首謀者が伊甫だと知れ渡った。しかしそのときは学校からはなんのお咎めもなかった。

実はあまり公開したくないが、悪事はもうひとつあった。それはカンニングである。伊甫の場合は相手に教えるものだった。だから逆カンニングである。理科の試験であるが、三肢選択でa、b、cのいずれかを記入するもの。伊甫は消しゴムに答を書いて、近くに回覧させた。これを監督の先生に見咎められてしまったのだ。だがこの時も学校からお咎めはなかった。伊甫は完全な素行不良だった。それは先生方に認識されていた。総代を外されるのは当然だった。

伊甫は高校生活で最重要な修学旅行と優等総代を棒に振った。しかしこのことが、一生を左右するような幸運をもたらすことになった。もし総代になっていたら、卒業証書をおしいただく練習や、答辞の訓練などが求められ、そんなことをしていたら大学受験が失敗してしまっただろう。とにかく結果オーライとなった。

東京大学の一次試験

いよいよ高校生活最終結果を総括する大学の入学試験のシーズンを迎えることになった。級友はそれぞれの想いを秘めながら、各地へ散っていった。伊甫は予定通り東京大学を目指した。この頃の伊甫はなにか悟りきったような心境で、夜は良く眠れた。また重圧も悲壮感も、そんなことは全く感じなかった。高校三年間で修得した諸々の知識が実に整理されてうまく頭の中に収まり、心身ともに絶好調を感じ取っていた。もはやなにも恐れるものはなかった。

昨年高校から二人の先輩が東京大学に合格していた。伊甫はそのうちのお一人、深澤先輩が宿泊している東大駒場寮を訪れた。先輩は快く宿舎をご提供して下さった。そして翌日は本郷の試験場まで案内して下さった。伊甫は試験のことよりも交通の方が心配だったのである。

交通は先ず井の頭線で渋谷に行き、山手線で代々木駅へ、それから中央線でお茶の水駅に行く。そこからスクールバスが出ている。バス代は通常二五円だが、スクールバスは一五円だった。伊甫はこの道順を何度も何度も確認した。

試験は英語・数学・国語の三科目で、比較的簡単なものだった。伊甫は各科目ともほぼ満点が取れた。ここで競争倍率は十数倍から七倍に絞られた。二次試験を突破するような受験生は、おそらく全員が満点近い成績だったろう。

その前の年から「進学適性検査」なるものが登場した。一般的な常識を問うもので、学科の専門的な内容とは無縁のものだった。昨年はすべての国立大学で、この適性検査が一次で採用された。ところが伊甫はこの適性検査が苦手で大嫌いだったのである。高校の入学試験もこんな試験問題が出題され、あまりいい結果ではなかったのである。ただ巨摩高校の場合は、普通科・商業科・家庭科の三コースがあったから、止むを得ない面があったのだろう。伊甫は今年は普通のシステムに戻ったことで、「これはついているぞ」と、ぞくぞくするものが込みあげてきた。ともかく一次試験は無事パスすることができた。

東大二次試験

伊甫は二次試験目指して上京した。中央線は甲府～新宿が四時間近くを要していた。途中勝沼駅は突っ込み線方式だった。また列車はSLで、笹子トンネルを通過するときにはすごい煤が車内へ入ってきた。笹子駅では名物の「笹子餅」を売っていた。一次試験のときは夢中で上京したが、今度は少し心のゆとりが出てきたようだ。

宿舎は再び深澤先輩の駒場寮をお願いした。試験は三日間八科目だった。伊甫の心は実に冴えていた。三日間とも夜はぐっすり眠れた。そして澄んだ気持ちで本番に臨むことができた。

数学は解析Ⅰと解析Ⅱだった。それぞれ三問出された。一二〇点満点である。伊甫は直後に出される模範解答を購入したが、予定どおり九〇点くらい取れたようだった。理科は物理と化学である。伊甫は無機化学は得意だったが有機化学は苦手だった。また物理も得意とはいえなかった。やはり各三問ずつ一二〇点満点である。有機化学を半問、物理を一問落として、それでも九〇点はいけそうだった。英語ははじめから当てにしていなかった。それでも前置詞と関係代名詞はそこそこなすことができてほっとした。一〇〇点満点であるが、甘くて六〇点、辛くて四〇点といったところだった。

国語は文学史が大の苦手だった。配点一〇点ははじめから諦めていた。ところが出題は「ダンテの神曲・シェークスピアのハムレット・芭蕉の奥の細道・近松の曽根崎心中の四作品を年代別に古い順に並べよ」というものだった。世界史を選択していた伊甫はさっと解答した。一〇点を拾うことができたのだ。国語は一〇〇点満点で八〇点近く取れたようだった。伊甫はすっかり気分をよくしたのである。

社会は世界史と人文地理である。伊甫は日本史が大嫌いで、仕方なしに世界史を選択したのだった。これまでの対外的な模擬試験では五〇％以上の点を取ったことがない。だからもし受験に失敗したら、それは世界史であろうと観念していた。両科目はそれぞれ二点満点が三〇問ずつ出題された。

ところが伊甫はこれが現実なのかと、なんだか夢をみているような気持ちになってきた。世界史の問題は、どれもこれも自分が熟知している、得意分野のものばかりではないか。あとで模範解答と照合したが二七問は確実に正解だった。残り三問ははっきり記憶していなくてイエスかノーか思い出せなかった。とにかく五四点は取れたのだ。人文地理も快調で、似たような成果が得られたようだった。

伊甫は世界史をガンだと心得ていたが、その世界史が逆に救世主となったのだ。伊甫は無事合格することができた。自宅に待機していたところ、合否を知らせる電報は「パス・トウ」とあった。朝早々に届いて、伊甫はまだ眠っていた。母花子は伊甫の話を聞いていたのでおそらく大丈夫だとは思っていたが、手が震えて電報を読むことができなかったそうである。

伊甫は直ちに上京した。そして駒場キャンパスで、自分の受験番号と名前が明記されているのを確認した。地元の新聞にも学校と氏名が掲載された。昨今は落ちた受験生の人権とやらで、合格者の氏名が公表されなくなった。でもそんなことを言っていたらスポーツも、負けた方の名誉を云々していたら、報道できなくなる。合格者を称える意味合いで、ぜひ新聞に氏名を掲載するよう、カムバックしていただきたいものである。

地元では、田舎の高校から東大が現役で受かるものではないという、根強い風評が流れていた。しかしそれは正しいのである。もし世界史で奇跡が起こらなかったら、また文学史で一〇点稼げなかったら、伊甫の運命はどうなったか分らなかったのだ。また仮に一年浪人しても合格は保証されるものではない。この度の入試はさきの将棋県名人戦と同様で、まさに奇跡の合格だったのだ。そして地元の風評も確率的には正しかったのである。

伊甫は高校生活の幕引きを、最良の形で締めくくることができた。しかし級友のみなさんも京都大学・東京工業大学・一橋大学・東北大学・東京教育大学・九州大学と、ほとんど全員が志望校に合格した。母校でこんな実績を積んだ学年は見当たらない。それに今は塾や教育技術が進歩して、こういった個人努力の成果がだんだん発揮されにくくなってきたのだ。ともかく目出度し目出度しである。

五、駒場での学園生活

入学準備

伊甫は宿舎として駒場寮を選択した。寮は学内にあった。だから宿泊費が安いだけでなく、通学費が全くかからないのである。母花子は布団を新しく綿打ちしてくれた。それをチッキで寮まで送った。チッキとは、当時国鉄の長距離列車を利用すると、貨物が並走して、小荷物を目的地まで安価で輸送してくれるシステムのことである。

ふとんが一番おおごとだった。まずふとんを大きな布袋にしまって荷札を付け、甲府駅までもってゆく。それがお茶の水駅に届けられるのである。それをタクシーに載せて寮まで運ぶという寸法だ。多少面倒くさいが、それが当時の通常の運送方法だったのである。

寮の部屋はとても広く、六人部屋で、すべて簡易ベットがあり、床は板敷だった。寮は全部で四棟あって、いずれも四階建だった。そして半年に一度部屋替えが行なわれた。それらはすべて寮務委員会が取り仕切っていた。一部屋だけ小さな和室があり、そこに寮母さんが住んでいた。（そんな記憶があるが定かではない）また小さな売店があって、日用品や食品を売っていた。

寮にはいろいろなグループや同好会があった。そしてその志を共にするもの同士が同室となる仕組みだった。だからばらばらな雑居部屋というものはなかった。ほとんどのグループがいくつかの部屋をもっていた。その中で強力な行動力と団結力をもつのは、なんといっても運動部だった。特に柔道部とボート部は当時の花形であった。

またまじめなグループとしては、寮史編纂会あるいは寮歌愛好会等があった。ただ「将棋同好会」はなかった。伊東はどの部屋がいいのか迷ったが、結局深澤先輩がいらっしゃる「セツルメント」という部屋にお世話になることになった。この部屋は工場地帯の恵まれないこども達を対象に、無料の家庭教師をおこなうという、慈善団体のはしくれみたいなものだった。寮生でない者も含めると、また他校生を合わせると全部で三〇人くらいはいたような気がする。

伊東はテキストや参考書の類を入学前に買ったのか、入学後に買ったのかよく覚えていないが、とにかく入学の準備体制は整えることができた。

新入生歓迎会

春になると寮生の半分は本郷に進学し、半分は新しく入学してくる。比較的移動の激しいところであった。伊東の部屋では新年度のメンバーが揃うと、入学式前ではあるが歓迎会が催された。といっても学園近辺には集団で宴会を受け入れてくれるような料理屋らしきものは見あたらなかった。またそこでドンチャンやるような金持ちは一人もいなかった。寮生はみな貧乏だった。少しお金のある学生は大抵下宿していた。

では歓迎会はどうしたかというと、ひとつの部屋に集まってやったのである。伊東の場合は、メニューはスキヤキだった。大学の裏手に小さな市場があった。そこで肉と野菜と米を購入した。これは部屋の全員で買出しにいった。先輩が野菜屋さんで、「しゅんぎくを下さい」と声かけた。しかしそれは品切れで、代わりにねぎを買った。

伊甫はこのことを非常に残念に思った。しゅんぎくなんてまだ一度も食べたことはなかったのだ。せっかくのチャンスだったのにと、くやしい思いだった。あと豆腐とシラタキも少々購入した。伊甫は入学早々こんな贅沢ができようとは、夢にも思わなかったのである。

スキヤキの料理用具は七輪・飯ごうも含めて寮務委員会から貸し出された。炭は自分達で買う必要があった。そしてご飯は飯ごうで炊いたのである。歓迎会やその他の飲食集会のことを「コンパ」と呼んでいた。このたびはスキヤキのコンパだから「スキコン」である。当時スキコンは寮生の最高のご馳走だったのである。

コンパでは全員が部屋の板の間に車座になって、自己紹介を交わした。受験の苦労話はお互いに避けた。ただ浪人か現役かは必ず口にした。関東系は標準語だが、関西系は関西弁丸出しだった。伊甫は大学生になったことをしみじみと実感した。

母花子の上京

寮生活は順調にスタートした。皆さん先輩も後輩も和気藹々とした雰囲気であった。あとは入学式を待つのみとなった。その前後に母花子が上京することになった。入学式は本郷の安田講堂だったので、伊甫は案内が忙しかった。入学式では総長がどんな歓迎挨拶をなさったのか、全く覚えていないのだ。

ひとつだけ印象に残っていることがある。それは東大応援歌「ただ一つ」と昭和二八年度入選学生歌「足音を高めよ」を訓練させられたことである。この二つの歌は今でもしっかり覚えている。どうも伊甫は大切なお話に耳を逸らし、どうでもいいようなことを馬鹿覚えしているようである。

伊甫は母と駒場のキャンパスをくまなく歩き回った。寮の裏側の奥に小さな池があった。そしてそのほとりには、桜が満開できれいに咲いていた。ちょっとした観光旅行気分を味わうことができた。この池のことは大学関係者でも「そんなところがあったっけ」と、見落としがちなスポットである。

母は食堂や風呂も見たいと言いだした。それが生活の基本だからである。食堂は古い建物であるが、土台はしっかりしていた。月間のメニュー表を食い入るように眺めていたが、まずまず栄養失調にはならないだろうと、安心した様子であった。風呂も最低の設備が整っていて、特に問題点はなかったようだ。

次に正門から左手最奥の出口に行ってみた。そしたら門はなく、植え込みがぐるぐるとして垣根を構成し、学外の駒場町へ導くという古風なものだった。伊甫と母花子はひととおりキャンパスを一周した。そこでキャンパスをはなれ、松濤町の高級住宅街を通って、渋谷に出た。途中松濤公園で一休みした。渋谷駅前広場につくと、渋谷食堂で食事をした。当時はここを「シブショク」と呼び、代表的なレストランであった。伊甫はしばらくして母と別れた。

母は中野区にある親戚に泊まった。伊甫も時折この親戚のご厄介になった。中野駅からの途中に、日本将棋連盟が事務所を構えていた。現在の将棋会館建設前は、こちらが本拠地だったのである。母はそれから間もなく山梨へ帰っていった。

クラス編成

入学式がおわると、いよいよ第一学期のはじまりである。大学は前期と後期の二期だった。伊甫はテキストや参考書を揃えていった。クラスは約五〇名で、名称は3Bだった。理科I類には三人の女学生がいたが、そのうちの一人、中村桂子さんが同じクラスとなった。中村さんは今でも時折テレビ等で活躍中である。

さっそくクラスの懇親会が実施された。早くも幹事を引受ける活動家がいたようである。学園近辺には料理屋はないと述べたが、学内に「同窓会館」という、学生にとって唯一といっていい、懇親会の会場が存在していた。ここは授業がない期間は休業であった。

懇親会の大半は自己紹介に費やされた。さすがに学友の顔と名前はそんなには覚えられなかった。同窓会館は意外に広く、いくつかの畳の部屋があった。そのうちに先輩とやらが割り込んできて、寮歌をいくつか伝授してくれた。隣の部屋からも寮歌らしきものが聞こえてきた。伊甫はそれからも同窓会館には何度もお世話になり、ここで寮歌を叩き込まれることになった。

このコンパで伊甫は最初の失敗を犯す。あまりにもだらしない失敗だ。このときお隣の部屋でも別のクラスの懇親会があり、知り合ったばかりの親しい寮生がいた。伊甫は両方の部屋をいったりきたりした。そのうちなんとコップ一杯のウィスキーをストレートでぐいと飲み干してしまったのだ。現在でいう一気飲みである。

さすがにぐったりして、会場のど真ん中で倒れこんでしまった。ただ幸いなことに、初めて飲む酒のため、ゲロゲロするのが何人かいたので、伊甫の失態はそう目立ったものではなかった。気がついたら翌朝、寮のベッドで仰向けに寝転んでいた。幸い寮生の一人が伊甫の部屋を知っていてくれたのである。クラスメイト何人かで寮まで担いでくれたとのことである。

しかし若いからよかったようなものの、うっかりすると心臓麻痺等を併発しかねない、無謀な行為であった。伊甫はクラスのみなさんに詫びてその場をとりつくろった。しかし全員仲のいいクラスであることで、無難なスタートをきれたようだった。

思わぬ音楽との接触

当時の学生界では穏やかなものとして、「歌声運動」が盛んであった。新宿のど真ん中にも木造山小屋風の「歌声喫茶」があった。みなコーヒーを飲みながら、全く知らない者同志で、いろんな歌を仲良く合唱したものである。

駒場では昼休みや休日に「音感」という歌のクラブの人たちが、一日一曲ずつ歌詞のプリントを配りながら、寮前の広場でアコーデオンを奏でながら指導していただいた。伊甫はなんとなくそれに関心を寄せた。とにかく金がかからず楽しめるのだ。この頃覚えた歌は今でもはっきり覚えている。

まず最初の一曲は「黒い瞳」であった。「黒い瞳の若者が　私の心をとりこにした」「私の秘めごと父さまに　告げ口する人誰もいない」この歌は単調で、初心者でもすぐ覚えることができた。そのほかでは「カチューシャの歌」「走れトロイカ」「おおプレネリ」「おおスザンナ」等々である。他にもあるのだが、歌曲は分っていても題名を忘れてしまったものが多い。

なかでも一番高級な歌は「五月の恋の歌」ではなかったか。歌詞は

「旗の波うずまく　わが恋人パリ　喜びに沸き立ち　愛の日に萌える
五月よわが春よ　我らを歌えよ　踊り狂うこの街を愛する　パリを
かがやく空の下　大地は沸き立つ　五月の恋の歌　巷に溢れる」

伊甫はこの長い歌詞の一番・二番をすらすらと、今でも暗記している。この歌を知ってる学生は少なかった。駒場寮でも深澤先輩は歌の達人で、いろいろと教えていただいた。

寮歌の指導も時々行なわれた。伊甫はこれにも積極的に参加した。そして今も四曲歌うことができる。それは「嗚呼玉杯に」「芸文の花」「新墾の」「若紫に」である。寮歌の数は膨大で、ごく一部を覚えるのがやっとである。

伊甫はこんなに音楽と接触をもとうとは、思いも寄らぬことであった。しかし音楽には、この先もっと深入りすることになるのである。

内山御大の洗礼

伊甫の駒場寮の六人部屋には内山さんという主がおいでになった。年齢は春日八郎の「別れの一本杉」ではないが、「あの娘はいくつ、とうに二十はよう　過ぎたろうに」である。我々は彼に敬意を表して「御大」と呼んでいた。

御大は話術に長け、酒に囲碁に音楽に、趣味が豊富であった。だからなかなかの風流人であった。ドラマ「月影兵庫」には名脇役として「焼津の半治」が登場する。半治が主人公に師事する有様を主題歌

は「それがとうした男に惚れた」と歌っている。伊甫は無欲な世捨人、御大の人柄にすっかり吸い込まれてしまった。

御大の音楽はカラオケなどという世俗的なものではなく、正々堂々たるクラシック音楽であった。当時は個人で音響装置を購入する余力はなかった。そのため都会の各所には「名曲喫茶」なる喫茶店が点在していた。一杯五〇円のコーヒーを注文すると、何時間でも粘ることができた。もちろん仮眠することもできる。そこでクラシック音楽を鑑賞するのである。

伊甫は御大に伴われて、渋谷駅前の名曲喫茶を訪れた。そしてなんとなく基本システムが飲み込めた。これなら一人でも利用できそうだ。そこは伊甫にとって、最も安く、最も優雅に時間つぶしができる絶好の場となった。渋谷駅前には喫茶店が数軒あったので、あちらこちらと渡り歩いた。伊甫はまるで夢遊病者のように、薄暗い店内でぐったりなりながら、これまで受験で萎えた心身の疲れをいやした。

各喫茶店は一人一回に限りリクエストができた。御大と最初の店で御大がリクエストしたのは、ビバルディの「四季」だった。曲は春・夏・秋・冬と順次推移してゆく。メロディは優雅で明るく単調で若干の繰り返し性があり、すごく親しみやすかった。御大はそんなことも考慮してリクエストされたのであろうか。伊甫はこの曲がすっかり気に入ってしまった。

伊甫と御大は何回となく渋谷駅前へ出掛ける日が続いた。寮からは松濤町、道玄坂と歩いて、交通費を節約した。名曲鑑賞のあとは、「恋文横丁」で一杯引っかけた。当時の酒は、トリスウイスキーのストレートか、中国酒の「パイカル」か「楊貴妃」であった。特にアルバイトのお金が入った直後は、この寄り道は常道化していた。御大には「酒道」のご指導もいただいたのである。

伊甫はピアノよりもヴァイオリンの方が好きだった。特にベートーベンのヴァイオリン協奏曲が大好きで、なにか神聖な感じさえ受けていた。この名曲三昧を通して伊甫の人生観は大きく変化していった。なんだか自分が高級な人間に様変わりしたような、錯覚に捉われていた。実際は世間からの逃避に過ぎなかったのだ。御大はいまどうされているか、それより無事卒業できたのか、今は昔である。

囲碁に入門

あるとき寮の誰かに囲碁の手ほどきを受けた。ルールは将棋より単純である。伊甫の部屋にも紙の盤に竹製の碁石が一組あった。それを使ってまずは内山御大から、懇切丁寧にご指導を受けた。御大は有段に近い腕前だった。当時の初段は現在の四〜五段である。

伊甫はすっかり囲碁の虜になり、ちょくちょくと町の道場に通った。主に渋谷だったが、ときには浅草あたりまで、足を伸ばした。そして相手かまわずいろんな人と交流した。駒場のクラスメイトのなかにも愛好者が何人かいて、放課後には教室や寮で勝った負けたと楽しんだ。伊甫はこうして囲碁を通して学内に友達を作っていった。

かつての将棋入門と同じで、囲碁の場合も始めの内は仲間内で一番弱かった。しかし「強くなりたい」という気持ちは、人一倍強かった。そのためには他人より一回でも多く、道場に通うことだった。

将棋には「詰将棋」があるが、囲碁にも「詰碁」がある。伊甫は詰将棋の重要性を認識していて、一所懸命に時間を費やしてきた。しかし「詰碁」には全く手を出さなかった。また囲碁の基礎定石の勉強もしなかった。だから囲碁は文字通りの無手勝流で、将棋のような強さは身に付かなかった。伊甫は自分にとって将棋が本職、囲碁も音楽もあくまでたしなみと考えていたのである。

ともかく伊甫は一年生修了のころには自称初段の腕前になった。現在伊甫は郷里では三本指の打ち手になっている。そのため県下の囲碁団体戦や町村対抗団体戦に駆り出され、貴重な社交の道具になっている。社会人時代も同様だった。少し学業成績に悪影響を及ぼしたが、囲碁は伊甫の人生を限りなく豊かなものにした。

学業の状況

高校時代の過酷な受験勉強は、伊甫だけでなく級友全員の体力を消耗させていた。だが新しい高度な授業は、快い刺激を与えていた。しかし伊甫はなんとなくだるさを感じでいた。そこで統計学と社会思想史の選択では、後者を選んだ。とにかく統計学でややこしい数値計算はこりごりだ。疲労している頭脳を休めるため、頭を使わない思想史を選んだのである。

統計学をまじめに勉強しなかったことは社会人になってから、品質管理の業務担当となったとき、若干の支障をきたすことになった。しかし幸いパソコンの助けとソフトフロッピー化の普及により、被害は最小限にとどまった。

学生を一番悩ませたのは図学と製図であった。製図はテキストの模写であるが、墨入れといって、鉛筆の下書きの図の上に墨を塗るのである。用具は「からす口」という鳥の嘴のようなペン先に墨を含ませて直線や曲線を描くものである。夏休みには学生はそろって製図室で歓談を交えながら、また一杯やりながら、そして歌をうたいながら、徹夜で仕上げたものである。昨今のコンピュータによる画像処理の時代とは、まさに隔世の観がある。

数学は高校数学より、一段と高度で綿密なものとなった。伊甫が一番関心を寄せたのは、アーベルの群論だった。五次方程式は「根と係数」で解析できないとするもの。なんだかちんぷんかんぷんで、分ったような分らないような、未消化のままどうやら単位は修得できた。伊甫は七〇歳頃になって一歩先を行くガロアを勉強し、群論を振り返ってみた。そしたらなんとなくアーベルの真意に触れるような気がした。

伊甫は夏休みは山梨の実家でのんびり過ごした。夏期休暇中にアルバイトをすることはなかった。のんびりと将棋やトランプに興じていた。この頃山梨県と八王子市の親善将棋交流会が行なわれた。双方選手一一人ずつという、文字通りの親睦団体戦であった。伊甫は最年少で先鋒に起用された。この時は伊甫も中堅の新井さんも大将格の吉村さんもみな快勝し、山梨県が大勝した。伊甫はこのとき大学でも将棋を何とかしなければと思った。

九月になると最初の定期試験が実施された。伊甫の成績は平均やや下だった。ただ追試が英語一科目にとどまった。このことは案外上出来なのである。級友は結構物理や数学で赤点をとり、なにより製図の未提出者が多かった。英語はテキストがモームの作品で、その大意を書けというもの。伊甫はあまり授業に出ていないので、大意は書けなかったのだ。それでも追試はなんとかクリアできた。

ところがである。理科Ⅰ類全体でトップの秀才が、なんと肺病でダウンしたのだ。幸い半年程度の入院で済んだが、進級は棒に振ることになった。その姿をまのあたりにして、伊甫はつくづく思った。高校時代に過酷な受験勉強をして、大学でもトップ維持のため猛勉したら、健康を害してしまう。「勉強はほどほどに…」この考えが伊甫の今後の学園生活、ひいては社会人生活に大きく影響することになったのである。

将棋部との出会い

伊甫は大学の将棋部がどうなっているのか、前々から気にはなっていた。しかし寮には部室がなく、探しようがなかったのだ。そんなあるとき学内の伝言板に「将棋部員募集」のメモが書かれていた。連絡先は熊野烈先輩（故人）だった。伊甫は所定の住所に手紙を書いた。そして山梨県名人のことを一言記載しておいた。

さっそく熊野先輩が将棋盤を持って寮を尋ねておいでになった。もちろん棋力査定である。熊野先輩は当時としては珍しく、振り飛車党であった。これに対し伊甫はこの戦形は未経験だった。しかしなんとか最善を尽くして三戦全勝とした。無事入部を、というよりは団体戦の戦力として認定されることになった。

東大には黄金期が続いていたが、今年の前期にB級に転落したという。主力選手がみな卒業されてしまったのだ。その主砲は小暮得雄先輩（故人）である。大学リーグ戦の通算成績が四一勝一敗。「小暮の前に小暮なく、小暮の後に小暮無し」とうたわれその存在は神格化されていた。幸い小暮先輩は大学院に進学されており、伊甫は在学中はずっとご指導たまわることになった。

当時の将棋部の溜まり場は、渋谷恋文横丁の高柳道場だった。セツルメントの息抜き場も恋文横丁だった。また内山御大との酒道修行もやはり恋文横丁である。伊甫は二重三重に恋文横丁と結ばれていったのである。

伊甫は秋のリーグ戦からずっとレギュラーで参加することになった。大学リーグのクラスはA、B二クラスだった。その後にはFクラスまでの大所帯となっている。選手は一校七人で、四勝したチームの勝ちとなる。チーム数は九校だった。各期ごとに二チームが入れ替わるシステムである。伊甫は八戦し七勝一敗となった。これが響いたのかチームはトップで、Aクラスに復帰できた。チームは伊甫が卒業するまでAクラスに留まった。

伊甫は将棋部と引き換えに、セツルメントの活動から手を引いた。丁度この頃寮では深澤先輩が姿を消していた。どうされたのか周囲に尋ねると、亀有の活動現場近くに居を移し、本格的な奉仕活動を目指されているとのことだった。その真剣な姿には心を打たれる思いがした。

伊甫は将棋に、囲碁に、音楽に、酒に、またそれらを支えるアルバイトに、忙しい私生活を送ることになってきた。

砂川紛争のこと

大学二年のいつごろだっただろうか。東京都下の砂川で紛争がもちあがる事件が発生した。学園もざわついてきた。そしてある日寮の前の広場に大勢の学生が集まってきた。寮生が中心だった。伊甫は野次馬として、集会に参加した。

なんでもこれから砂川へ乗り込むというのである。ところがどこか変調になってきた。耳を澄まして聞いてみると、隊長が風邪でダウンしたので、誰か代わりはいないかとのことだった。しかし誰も尻込みして、立候補する者がいなかった。じりじりと時間が過ぎてゆく。

このとき伊甫が手を挙げた。よせばよいのについ行動に出るのが悪いクセである。伊甫は「私が隊長になってあげましょう」と大声を張り上げた。周囲はどよめいた。伊甫は司会者に「ところで何故砂川に行くのかね」と尋ねた。なんでも米軍が原爆を持ち込もうとしており、万一のときは陛下と都民が大変なことになる、とのことだった。

伊甫はその間の事情をすっきりと理解できた。「よし分った。陛下と都民をお守りするために砂川に行くんだね。じゃあ私が隊長になってあげるよ」と、しずかに宣言した。どんなことになるのか皆目見当つかないが、深澤先輩の偉大な奉仕に比べたら、自分もこの程度のことはしないと申し訳ないと感じていた。

駒場隊は総勢二〇～三〇人、電車とバスを乗り継いで現地入りした。現地には男女老若、いろんな人々がそれぞれの思いでまた服装で、小集団をなしていた。一番印象に残ったのは、僧侶の一団だった。ボンボンツクと太鼓を打ち鳴らし、お経を唱えながら、周囲を歩き回っていた。学生と僧侶という全く関連性の無い両者が志を同じゅうするとは、なんと素晴らしいことだとわくわくしたものである。

初日はなんとなく過ぎた。我が隊は民家の軒先に分散野宿した。翌朝のことである。伊甫たちが間借りした民家の娘さんが、暖かい味噌汁とおにぎりを用意して、「さあどうぞ」と差し出してくれたのだ。とてもおいしかった。その味にほれて彼女に接近する隊員が現われたくらいである。隊にはロマンが漂った。

しかし昼過ぎ頃から、ムードが怪しくなってきた。デモ隊の一部と警官隊が小競り合いをはじめたのだ。伊甫はそれを全面否定した。「米軍と喧嘩するために参加したのに、日本人同士が衝突するとは何事か」伊甫は隊員を集めて伝達した。「我が隊は闘争への参加を拒否する。直ちに学園に引き返す。一応ここで流れ解散とする」ほぼ全員がこの趣旨に同意してくれた。伊甫にとってなんとも貴重な体験を味わうことができた。

将棋部池の平合宿

砂川紛争の厳しい雰囲気から一転して、和やかな東大将棋部の合宿が計画された。場所は大学所轄の池の平寮（長野県蓼科高原）である。合宿には一〇人ほどの部員が参加した。現役の部員だけでなく、小暮先輩など大学院生も参加された。

寮の位置はうろ覚えであるが、帰路丘を下ったところが白樺湖だったと記憶している。すると寮は湖畔ではなく、小高い丘の中腹ではなかったろうか。部員はみな和気藹々と、次々に相手を替えながら勝負を楽しんだ。夕食と入浴でしばし中断となったが、ほぼ全員が徹夜で将棋を堪能した。

伊甫は小暮先輩に続いて強い立場にあった。今年入部した新人の指導に余念がなかった。また折を見て、小暮先輩のご指導を受けた。小暮先輩は要所々々で真剣に読みを入れておられた。ほとんどを直感で指す伊甫とは、対照的な対局態度である。

一泊二日の合宿が終わると、部員は思い思いに帰路についた。小暮先輩と熊野先輩が、山梨の伊甫の実家へお邪魔したいと言い出された。白樺湖からバスで茅野へ出て、中央線で甲府に着いた。駅前で貸し自転車を利用し、約一六キロほどの道のりを三人は仲良く自転車で往復した。

米長家では父二代目伊甫が病床に伏せていた。母花子は自慢の手料理をサービスしてくれた。小暮先輩は末弟邦雄に平手でご指導いただいた。また熊野先輩には次男修と三男優のお相手をしていただいた。いまは夏休みだから、みな家でゴロゴロしていたのである。この時は、弟達がみな東大のお世話になろうとは、夢想だにしなかった。

伊甫と小暮・熊野両先輩は一泊後甲府へ向った。そこで山梨の大御所、山口吉次郎さん宅を訪れた。山口さんは小暮先輩の名声をご存知の様子だった。そして先輩に是非一局と要望された。勝敗は明らかである。しかし山口さんはなんとかして先輩に一泡吹かせたいと、老骨に鞭打って真剣に頑張られた。どこかほほえましい感じがしていた。親善手合いがおわると、山口さんはお隣の「笹一食堂」からかつ丼を取り寄せて、振舞ってくださった。四人は将棋を中心に歓談しお別れした。この度の池の平合宿は実りの多いものとなった。

専門学科の選定

駒場は二年生の後期になると、本郷での専門課程への進路を決めなければならない。いずれ社会人となって、なんらかの職業に就かなければならないのだ。いよいよ一生の在りかたを決める運命の時期がやってきたのである。これまでのように気楽で純粋な学園生活とは、別れを告げなければならないのだ。

当然人気のある学科とそうでないものがある。また学生同志で競合する場合が多々出現することになる。そのときはこれまでの成績で判定される。もし第一志望を落ちた場合は、成績が上位でもその第二志望より第一志望者の方が優先されるのである。だからこのときには、運不運が作用することになる。

伊甫は先ず就職最優先ということで、理学部を諦め工学部に絞っていた。ところが伊甫は機械ものが大の苦手であった。だから当時花形だった機械工学科と電気工学科は縁がなかった。また美的センスがないから建築もだめ。冶金工学は単調な感じがする。初任給最高の鉱山学科ではあるが、山の穴倉に入るのは怖かった。

すると残るのは土木工学科と計数工学科しかないのである。伊甫は数字をいじるのが大好きだった。しかし東大生には天才的な数学の名手が大勢いるのを目撃している。伊甫は自分の実力をよくわきまえていた。純粋な計数工学科では埋没してしまうのではないかと、早くも自信喪失の状態だった。

残るは土木工学科である。性格が弱く人を怒鳴ることができない自分に、果たして現場監督が勤まるのであろうか。しかし一方ではダムの現場などは田舎育ちの自分にぴったりではないかとの、望郷の念にもかられていた。結局目を瞑って「エイヤー」の気合もろともに、土木工学科を選択した。ただ結果的にこの選択は間違ってはいなかったようだ。

専門課程の選択の話は、郷里の母花子にも伝えられた。母は「土木」と聞いてびっくりしたようだったが、コメントのしようはないとの返事だった。この頃末弟邦雄は日本将棋連盟のプロ養成機関「奨励会」に合格し、上京していた。佐瀬勇次先生のもとに内弟子として、お世話いただいていた。佐瀬先生は北区にお住まいで、ご自宅で道場も開業されていた。しかし師匠は雀狂だったので、邦雄は常連のアマ強豪に揉まれながら強くなっていった。

一方次男修は東大目指して、受験勉強に必死だった。ただ兄の実績から、どの程度の勉強をしたらよいのか、おおよその見当をつけることができたのは、心強かったのではないか。伊甫は二人の弟の手前、留年することは許されなかった。だから駒場で囲碁には凝ったが、麻雀には一切手を出さなかった。その双方に手を染め、一方に将棋がありアルバイトがあったら、駒場を二年間で切り上げることはとても無理な相談なのである。伊甫はこの最低な限界線をいつも念頭において行動していた。

駒場最後のアルバイト

年が明けて駒場生活が押し迫った頃のことである。とんだアルバイトの口が転がり込んできた。これはさる親友からの紹介でもあったが、雇い主は「東大進学指導協会」である。対象は中学生。それも生徒一人一人を探し歩くのではなく、学校を訪問し、進学指導の先生にお会いして、学校としてまとめてご注文いただくという、結構大型商談でやりがいのある仕事であった。

伊甫は面接のとき、是非自分にやらせてくださいと、情熱的に訴えた。その甲斐あってか合格し、大田区の担当となった。大田区は目蒲線・大井町線・池上線を中心に移動した。これらの電鉄はこれまでほとんど利用したことはなかった。だから毎日が旅行気分で楽しかった。

区内のいろんな中学校を訪問した。そして男女老若いろんな先生方にお会いでき、日頃経験できない話題に接することができた。先生方は大学受験とは別であるが、それなりにご苦労されている様子であった。どなたか将棋か囲碁の好きな先生がいないものかと期待したが、それはなかった。

報酬は「一人なんぼ」であった。だから希望者一〇〇人の学校にめぐり合うと一〇〇人分の報酬がいただける。したがって商談が成立するか否か、そのブレは大きかった。それでも何校かからご注文が頂戴できた。伊甫は本郷で半年くらいは生活できそうな報酬にありつくことができた。伊甫はこの幸運に感謝した。

伊甫が雪谷のさる中学を訪問したときのことである。商談を終え次の荏原方面に向おうとして、校庭で遊んでいた数人の女子中学生に、その行き先を尋ねてみた。生徒達はがやがやしながらも、親切に教えてくれた。そして別れ際にひとりの女子生徒が軽くウインクした。細い眼差しでちらっとしたときの顔立ちは、なんともいえない美少女だった。

伊甫は晩年になった今、当時を振り返ってとんでもない妄想に耽るのである。伊甫は後述のとおりM重工社神戸事業所時代に、瀬戸内海航路の船長の娘を紹介されたことがある。破談とはなったが、彼女はまさに絶世の美女だった。そして交際していた折の世間話に、たしか彼女は中学時代を東京の雪谷で過ごしたと、はっきりしないがそんなことを聞いたような気がする。

もしも雪谷の女子中学生が、絶世の美女と同一人物だとしたらどうなるのであろうか。いやいやそんなことは有り得ない。だが少なくとも年齢的にはぴったりしているのだ。それは「運命の糸」としかいいようがないのである。

ともかく伊甫はいよいよ専門課程への出発である。

六、本郷での専門課程

穂積五一先生との出会い

本郷へ進級するので、まずは駒場寮を出なければならない。そのためには新しい宿舎を探す必要があった。はじめは東大豊島寮を狙っていた。近くに料理の専門女学校があって応援があり、食事の質がよいとの噂だった。しかしここは選考に漏れてしまった。このほか大学施設としては、向ヶ丘寮があった。駒場寮の仲間の多くはここにお世話になっていった。ただ伊甫はなんとなく気が進まなかった。

といって下宿するだけの財力はない。どうしようか迷っているときに、「新星学寮」へどうかという話が舞い込んできた。場所は本郷正門前から歩いて数分のところにある。さっそく入寮を申込んだ。寮は穂積五一先生（故人）が主宰されるものであった。先生のお住まいは寮のお隣に構えていらっしゃった。先生は奥様文子様とご子息の一成（カズシゲ）君とお嬢さんの四人暮らしであった。メイドさんを雇っておられた。

先生は社会活動家でご職業は無く、哲学者のようなお方であった。奥様はピアノに熟達されており、良家の子女の個人レッスンを指導され、そのご収入で一家を支えていらっしゃった。一成君は将棋の芹沢八段の門下生として、個人指導を受けていた。ピアノも一流どころになると、こどもの将棋教育ひとつをとってみても、凡人のやることとは一味違っている。

一成君は大の将棋愛好少年で、伊甫の入寮選考会に顔を出し、強力に伊甫の応援をしていただいた。お陰様で伊甫は無事新星学寮の一員になれた。伊甫にプロ棋士の卵の弟がいることは、すぐ寮内に知れ渡った。寮生には雀狂の岩尾明君がいて、すぐ親友になった。また中野正明君から、三兄弟の家庭教師をやっているが、手伝って欲しいとの誘いをいただいた。アルバイトの口がすぐ見つかったのは有り難かった。

寮は食事が朝夕当番制である。寮生は二〇人ちょっとで、当番は二人ずつである。夕食の素材は近所の八百屋さんや魚屋さんへ買出しにでかけた。なれない手つきではあるが、なんとか炊事当番の任を果たすことができた。寮生はときどき穂積先生宅の一階応接間に呼ばれ、ご講話を頂戴した。

穂積先生は当時恵まれない東南アジアの留学生を受け入れるための学寮創設に全力を傾けていらした。寮生の何人かはそのサポーターとして、先生を援護していた。しかしそれはあくまで自主的な奉仕活動であった。伊甫はやはり囲碁・将棋・麻雀と、その特性を異にしていたので、申し訳ないがそちらの活動はノータッチであった。

穂積先生の大事業は相当先の話であるが、「アジア学生文化会館」として、文部省公認の施設が認可され、駒込に建造されるに至った。その会館は今も隆盛で、多くの東南アジア留学生が巣立ち、日本との親善友好を推進している。勿論中国や韓国の卒業生も含まれるが、みな親日派である。

かつて民主党政権担当の初期に、小沢一郎代表の下六〇〇人という大所帯が中国を訪問して世間を驚かせたことがある。しかし昨今の日中関係を考えるとき、あれは一体なんだったのだろうか。訪問した日本とそれを歓待した中国と、そのことをどう評価しているのだろうか。でも文化会館の関係者は何処の国が仲たがいしても、そんなことにはお構い無しに友好と信頼を寄せ合っている。これは今はなき穂積五一先生のご人徳のなせる業だと確信している。奥様も遅れて旅立たれている。

麻雀入門

駒場で囲碁と麻雀を二股かけていたら、おそらく一年や二年は留年していたであろう。本郷ではついに麻雀に入門した。それと引き換えに囲碁の碁会所めぐりを自粛した。麻雀も将棋や囲碁と同様であるが、始めの頃は仲間内で一番下手な存在だった。ただ経験を積むにしたがって、徐々に頭角を現していった。寮では寝床に入りながら盲牌の練習も積んだ。

当時はドラも場二翻もなく、満貫は二千点・三千点であった。点数は一〇点台まで精密計算した。だから一〇点棒が存在した。点数表は各雀荘の壁に貼ってあった。みなはそれを暗記しようとした。例えば子の三八符三翻は一二一〇点で、これを「イチニットウ」と覚えるのである。昨今の麻雀は「リーチ一発」とか「裏ドラ」とか、とかくインフレ主導であるが、当時は囲碁将棋と同様に運よりも技を競うものだった。

新星学寮の周囲にも何軒かの雀荘があった。そのうち寮のまん前の雀荘は自宅の座敷を開放していて、妙齢の娘さんがお茶汲みやお勘定を担当していた。穂積先生からは「君たちは麻雀が目的か、それとも…」と冷やかされたものである。当時不思議な事実があることに伊甫は気がつきはじめた。仲間は級友であれ、寮生であれ、また郷里へ帰省したときでも雀荘に居合わせた誰とでも、お相手をお願いした。

ところが伊甫の麻雀はお金を賭けることを一切しなかった。雀代もすべて割り勘であった。

伊甫は更なる技量の向上を目指して、別の雀荘であるがなんと六〇日間連続でお邪魔したことがあった。経営者はおかみさんだった。あるときおかみさんが伊甫に話し掛けてきた。「近く東京都知事杯争奪麻雀大会があります。それに出て欲しいの」参加選手は各雀荘から一名だけだという、非常に名誉あるものだった。

しかし伊甫はすぐ辞退した。「私は初心者です。とても無理です」するとおかみさんは言った。「あなたの真剣な目つきは他の人たちとは全然ちがいます。負けてもいいから出ていらっしゃい」そこまで言われたら断る理由がない。伊甫は思い切って出場することにした。

大会は各雀荘から選び抜かれた精鋭百数十名であった。満貫は二千点・三千点で、役がなくても上がることができる。だから一八〇点などという上がりも出現する。親はテンパイしていても上がれなければ流れる。一回二時間勝負で風は東・南・西・北と四巡した。試合は単に点数を競うのではなく、順位点が非常に大きなウエイトとなっていた。それは四人のうち二人ずつがプラスマイナスだったか、一人浮きか、一人沈みかを問うものである。

伊甫は二回戦で女性雀士に遭遇した。途中成績は彼女の一人沈みで、伊甫は辛うじてプラスだった。ところが彼女はお隣がマンズのチンイチをはじめると、じゃんじゃんチーさせた。それはテンパイぎりぎりまで続いた。彼女は自嘲気味にげらげら笑いながら「私なんとか一人沈みを避けたいの」と呟いた。なんとも乱暴な話であるが、相手が女性だけに、誰も文句は言わなかった。幸いもう一人がヤミテンで安く上がってことなきをえた。

三色も一気通貫もホンイツも、手の内かどうかに関係なくすべて一翻だった。そうなってくると面前ピンフが非常に大きな存在となる。チイトイも比較的大きかった。伊甫は完敗だった。しかし都内を闊歩する最高の面々と交流することができ、それがなによりの大きな収穫であった。

優勝は七〇歳の老人だった。なんでも日本麻雀道連盟所属の八段だそうである。優勝者の弁を聞いて、これは只者ではないと思った。そのセリフとは、「最後の三回戦の終盤になって字牌や一九牌がやけに多い配牌となった。一瞬国士無双を狙おうとした。しかしこれまでプラスを十分稼いだので、これらを安全牌として降りることに徹した。これが勝因だったかもしれない」

伊甫はとんだところで麻雀哲学を教育されたのである。この麻雀の修行が後に就職の場で役立とうとは、このとき伊甫は知るよしもなかった。

太田兄弟との出会い

寮生の中野正明君とは酒の上の友人だった。彼は囲碁・将棋・麻雀には無縁の男である。ただ性格が朗らかで屈託が無く、伊甫とはウマが合い、ちょくちょく飲みに出掛けたものである。ある時彼から「家庭教師で三兄弟を相手にしている。一人では手に負えないので手伝って欲しい」と話しかけられた。

それが太田さんご一家だった。ご主人の太田定さん（故人）はメリヤス業界の大御所だった。また奥さんの榮美子さん（故人）は実に心こまやかな温かいお人柄で、関係者をみな幸せに導いていらっしゃった。伊甫は就職してからも、秋田に赴任してからも、奥さんからお誘いの電話をいただき、太田家とは中野君共々、終生お付き合いをさせていただくことになった。

太田家には三兄弟がおられた。上から順に守彦君・富男君・武彦君である。三兄弟はいつも元気一杯で仲が良かった。中野君が英語・国語・社会を担当し、伊甫が数学と理科を分担した。伊甫は高校数学を教えていると、自分の不勉強の補足になるような気がした。また兄弟は将棋が好きで、勉強が一段落すると将棋に転じたものである。

太田定さんは我々を手厚くもてなして下さった。銀座のどこだったか、焼肉店に何回かご案内いただいた。その美味しさは今でもはっきり覚えている。おそらく高級焼肉店ではなかったか。炭火で焼いて、ビールもついていた。また遊園地へも遊びに出掛けた。ジェットコースターのひんやりした感覚が忘れられないのである。

夏休みには三兄弟と中野君と伊甫、それになんと伊甫の末弟邦雄まで仲間に入れていただいて、東大谷川寮に一週間投宿した。定さんから一万円いただいた。当時はこれで交通費から宿泊費まで、なにもかも六人分を賄うことができた。最初の三日間は雨が激しかった。そこで寮に閉じこもり、トランプや将棋に興じた。その点邦雄がいたので、随分助かった。邦雄はこれを機会に、高名な棋士になってからも太田家とお付き合いをいただくようになった。

合宿四日目にようやく天気は快方に向ってきた。六人の部隊は伊甫をリーダーとして、谷川岳天神峠まで登った。無理をすれば登頂できた筈であるが、伊甫はここでストップし、引き返した。みなには「今日はあくまで予行演習だ。本番は明日ですよ」と説明した。この話を帰宅後定さんにお伝えしたら、えらく感心していただいた。

合宿五日目、いよいよ最終日だ。南無さん天気であってくれよと、みなで祈った。武彦君が足にマメが出きたというので、わらじに履き替えた。するとこども達はみなわらじが履きたいと言い出した。そこで全員がわらじのいでたちとなった。

天気は快晴だった。前日のトレーニングの効果もあって、我々はスムースに登頂に成功した。山頂では数人のグループがいた。そのうちの女性は「一ノ倉沢をやりました」と誇らしげに話しかけてきた。

邦雄も谷川岳を征服した。後日邦雄が三冠王で、谷川浩司プロが名人のとき、棋聖戦五番勝負があった。「名人と三冠王とどちらが強いんだ」と将棋界の話題になったことがある。結果は邦雄の三連勝であっさり勝負がついた。そのとき伊甫がある記者に「邦雄は中学生時代に谷川岳を征服しているから勝てたんです」と告げ口したところ、そのことがパッとニュースになったことがある。本日はまさにその瞬間であった。

復路は同じ道を引き返すのではなく、反対側の渓流に下りた。美しいせせらぎが続いていた。一行は冗談を交わしたり歌を歌ったり、楽しいひとときをすごした。なんといっても下りは楽である。だがひとつ計算違いがあった。行けども行けども渓流は続いていて、なかなか寮へたどり着けないのである。伊甫は全体の地形を頭の中に描いてみた。そして基本的には方向性は間違っていないことを確信した。そしたら後は時間との勝負である。少し早めに下山していたので助かった。夕暮れ近くだったが、無事寮に戻ることができた。

家庭教師の務めはその後も順調に進むことができた。守彦君は無事志望校に入学した。榮美子夫人の才覚で、伊甫は太田家とは社会人になってからもお付合いいただいたのである。

国鉄の夏季実習

本郷での生活は、学業も寮もクラブ活動も、大過なく推移していった。伊甫は少しずつ土木屋の卵としての素養を蓄積していった。そのビッグイベントが、恒例の土木工学科夏季実習であった。いろんな実習先が目白押しだった。北海道のダム現場も魅力的だった。しかし伊甫はなぜか国鉄の実習を選んだ。

実習先は仙台郊外の原町で、内容は「常磐線複々線工事予定地の測量」であった。学友は六～七人ぐらい参加した。丸一ヶ月の合宿で、立派な旅館が用意されていた。測量の専門職員がいて、実習生を懇切丁寧に指導してくださった。トランシットとロットを使って、高低差や距離を実測していった。疲れてくるとトランシットで遠方をあそこここと、覗き見して楽しんだ。

伊甫たちははじめのうちは神妙にしていたが、とにかく炎天下で熱いのだ。いつの間にかみなパンツ一枚の丸裸になっていた。今の時代では到底許されない姿であるが、当時は「まあいいや」ということで許されていた。しかし山の中腹の測量のとき、誰かがうっかり蜂の巣をつつき、蜂の集団に襲われて大騒ぎしたことがあった。

線路の脇の測量をしているとき、伊甫はトイレにゆきたくなり近くの民家に駆け込んだ。ところがそのおばあさんと親しくなり、みんなでお茶をどうぞということになった。丁度午後の一休みの時間帯だった。測量班一同はおばあさん宅の縁側にずらりと並び、しばし歓談となった。伊甫はみなから特殊能力があるなと褒められた。

測量作業は丸一ヶ月かけて、無事終了した。リーダーの国鉄職員から、仙台～上野間の職員用の乗車券を手渡された。これがなかなかの曲者だった。リーダーはこれを返却するのは一ヶ月後でよいと言われた。はじめなんのことだか分らなかったが、ようやく理解できた。つまりこれがあればフリーパスでどこへでも無銭で乗車できるというのだ。アルバイト代も相当な高額が手渡された。

級友は三々五々帰路についた。伊甫は仙台から東北本線で青森に向った。単独行動だった。夜行特急のため早朝についた。そこからバスで奥入瀬渓谷経由十和田湖へと進路をとった。さすがにこのときのバス代三五〇円は支払った。伊甫はもう一度ここをバックして青森に戻り、次は秋田へ向った。着いたのは深夜だった。秋田で降りて近くの千秋公園で野宿した。なんだか警官がうろついていた。なにかの容疑者が公園内にいるかもしれないから、気をつけろとのことだった。そこから上野に戻ったが、乗車券はまだ返却しなかった。

伊甫は邦雄を伴って山梨へ帰省した。なんと甲府まで二人分の交通費が免責されたのだ。伊甫は国鉄職員の偉大さにいまさらながら驚いた。実家では次男修と三男優が受験勉強に追われていた。邦雄と帰京したが、復路の交通費もセーフだった。次の日邦雄と多摩川花火大会の見物にでかけた。なんと私鉄もバスもフリーだった。うら若いバスガールさんからは仲間扱いで、ご苦労様と声をかけられる有様だった。

さすがに伊甫はもうここまでにしようと考えた。新橋駅の事務所にリーダーを訪ね、丁重にお礼を言って乗車券をお返しした。リーダーは「どうだ。しっかり楽しんだかね」と、伊甫の頭を軽く撫でた。そして駅構内の喫茶室で紅茶とぜんざいをご馳走してくださった。これらの話は古き良き時代の国鉄物語であるが、なんとも思い出深い夏季実習であった。伊甫は土木工学科を選んでよかったと、つくづく思った。

関東学生将棋個人戦

この大会は毎年行なわれているが、伊甫はこのときの大会に、一度参加しただけである。必ずしも大学生だけでなく、小学生まで含めていろいろな年齢層からの参加があって、にぎやかな大会だった。伊甫はベスト八まで勝ち進んだ。ここで南川さんと対戦することになった。お隣では木村義徳さんと宮田さんが対戦していた。

南川さんは当時は無名だったが、後にアマ名人二期という大強豪だった。木村さんは後にプロA級棋士である。また宮田さんは中学生だったが、一二歳のとき東京都名人に輝いた、天才少年である。とんでもないハイレベルの大会であった。

南川さんは飛車を振ってきた。伊甫は常道どおり舟囲いで応じた。中盤で飛車角交換があり、互いに飛車で相手の桂馬と香車を取り合った。南川さんは「八四香」と振り飛車特有の手段で伊甫の玉頭を狙ってきた。伊甫は「八八香」と応じた。そしてなんと「八七」にある歩を「八六」「八五」と伸ばして相手香を捉え、その香を八筋に連打するという手法で、強敵に圧勝することができた。南川さんはこの対局のことを後々知人に話し、伊甫をお褒めくださったとのことである。

木村さんと宮田さんは対局が済んで、感想戦となっていた。ただ両者の表情から宮田さんの勝利だと分った。準決勝はどうだったか記憶にないが、決勝は伊甫と宮田さんの組合せとなった。宮田さんは当時大流行の「ツノ銀中飛車」戦法を得意としていた。伊甫は相手の得意をそのまま許して戦った。相手はアマトップの強豪の筈であるが、まだ中学生なのでどこかで誤魔化せそうな感がしてならなかった。だがそれは伊甫の錯覚であった。相手は的確に伊甫の弱点を突いてきた。

当日は東大将棋部の懇親会があった。しかし伊甫がなかなか姿を見せない。もしや…と、小暮・熊野両先輩をはじめ部員の面々が会場に駆けつけてきた。応援は間に合ったが戦局は宮田さんの術中にあった。小暮先輩からアイスクリームの差し入れがあったが、もう遅かった。伊甫はほどなく投了した。感想もそこそこに伊甫は部員のみなさんと一杯引っかけに会場を後にした。しかし強豪ひしめくなかで、準優勝は立派な成績ではなかったか。

音楽の教養の差

大学将棋団体戦は毎年春季・秋季と、年二回実施されていた。幸い東大はA級の座を守っていた。また伊甫は高い勝率で、ポイントゲッターとしての役割を果たしていた。この年も伊甫はこれまで個人は全勝で、最終戦を早稲田大学と対戦することになった。当時の早大には、木村・烏山・市川という三羽烏がいて、どこの大学も歯が立たなかった。まさに早大全盛時代だった。市川さんはいつも渋谷の高柳道場でお見かけした。彼は学校に顔を出しているのだろうか。

伊甫は木村さんとの対戦を希望した。順番はその都度変更できた。しかし部員のみなさんは、チームの優賞はなくなったので、せめて伊甫だけでも別の相手と対戦して「全勝賞」を取るようにと話し掛けてきた。伊甫は「たとえ負けてもいいから木村さんと対戦したい」と固い意思を表示した。結局木村さんのご指導を受けることになった。

木村さんは振り飛車党だった。伊甫は例によって舟囲いである。戦況は伊甫やや有利の中盤となった。五筋に「と金」を作り持駒の金をその隣に打って、相手の「自陣角」を手厚くいじめる体制を築いた。木村さんは端に「と金」を作った。でもどう見ても伊甫の攻めの方に分があった。ところが木村さんには大切な筈の「と金」を「王手」とただで捨て、閉じ込められていた自陣角が飛び出す妙手順があった。

このちょっと前のことである。伊甫はベートーベンのピアノ協奏曲第三番「皇帝」のクライマックスのメロディを口ずさもうとして、なんとしても思い出せなかった。そのためか将棋の思考もちょっともたついた。その時である。なんと木村さんがそのメロデーを口ずさんだではないか。そしてさっきの妙手順を指した。以心伝心というか、こんなことってあるのだろうか。偶然にしては出来すぎてある。結局伊甫は木村さんに対して、将棋の実力ではなく、音楽の教養の差で逆転負けされたと、つくづく考えさせられた一局であった。

この大会は早稲田が優勝し、東大が準優勝だった。優勝校の主将は時のプロ名人と飛車落ちの指導対局が受けられるという特典があった。木村さんはそれに見事勝利された。

木村・小暮両雄は当時の学生界では断トツの存在だった。お二人はお揃いでアマ名人戦東京都代表になり、全国大会準決勝で合間見えた。戦況は際どい大激戦だったが、小暮先輩の飛車の王手に対し際どく中合いの妙手によって、木村さんが勝利した。これが事実上の決勝戦だった。小暮先輩はこれ以降、選手権大会には出場されなくなった。

アマプロ対抗戦

これは頻繁に行なわれたのではなく、むしろ珍しい催しであった。アマプロ共に五人ずつで、勝抜き戦方式の対戦である。アマ陣は副将が小暮先輩・主将が木村さんだった。もちろん伊甫はお呼びもなかった。プロは奨励会有段者である。

戦局はプロ三勝アマ一勝で小暮先輩に番がまわってきた。そんなある日小暮先輩から、渋谷の高柳道場へ呼び出しがかかってきた。伊甫を事前準備のサカナにしようというのだろう。伊甫は素直に応じた。場所代つき、食事つきであった。

二人は三番指した。すべて伊甫が先手で、「飛車先歩交換・合い横歩取り」という急戦調の将棋だった。ところがどうしたことか、伊甫が三連勝してしまったのである。伊甫の指し手が冴えてはいたが、それ以上に小暮先輩がぎこちなかった。小暮先輩には何十局とご指導いただいたが、勝たせていただいたのはこの三局だけである。

小暮先輩は将棋を指すのをお止めになった。そして恋文横丁へ飲みに誘われた。当時はトリスウィスキーのシングルが三〇円、おつまみのピーナツが一〇円だった。今のように贅沢なつまみがどっさり出てくる時代ではなかった。

小暮先輩は精神を調整されている様子だった。そしてプロとの第一戦は角交換という、伊甫との練習将棋とは似ても似つかない戦形で快勝された。小暮先輩は三人を抜き、主将に敗れた。このとき先輩は「少し花を持たせる方が面白い」旨の感想をポロリと漏らし、プロ側を激怒させたいきさつがある。

ことに二人抜いて三人目では正統なヤグラ模様となった。小競り合いがはじまったが、先輩はその忙しい最中に一手を使って、王様を安全地帯へ移動させた。先輩は攻守にバランスのとれた棋風だった。

この一手を解説のプロ八段の先生が「有段の一手」と激賞された。そして破れたプロ（の卵）をがみがみと叱責された。

アマプロ主将戦はドロドロとした泥仕合となった。観戦しているアマ側は一体どちらが有利なのかさっぱり見当もつかなかった。木村陣は「五二」に王様がいて「七二」に金がいた。左翼は全くの手薄だった。ところが木村さんはなんと三筋の敵陣に飛車で王手し、その飛車を自陣の「三一」にカラ成りしたのである。ここで一気に木村さんの優位が際立ってきた。

例のプロ八段はそれを「主将の貫禄十分な一手」と評された。木村さんが勝ちきり、注目の対抗戦はアマ側の勝利に終わった。木村さんは大学院へ進学されたが、それからプロ入りされた。誰もが少し遅すぎると心配した。しかし木村さんはその下馬評を跳ね返し、A級八段まで登りつめられた。小暮先輩は大学院から北海道大学の教官になられた。これ以降アマ大会には一切出場なさらなかった。

弟の合格

次男修は「兄貴に続け」とばかり、東大目指して受験勉強に明け暮れていた。ただ伊甫の前例があるから、どの程度勉強すればいいのか、おおよその見当をつけることができた。それは大きな武器である。いくつかの模擬試験も体験した。そしていずれも伊甫より良い結果を出していた。

だがだから東大は確実に合格かというと、そんな生易しいものではない。大学受験に限らず、全ての試験は将棋でいう「一番勝負」である。将棋の大会ではプロもアマも、最も強いと言われる大本命が敗れることは、しばしば見受けられる現象である。また個人的にも落ち着いて実力を発揮できた者、あがってしまって普段の実力が発揮できなかった者など、その差は非常に大きいものがある。

一つの心理状態として、「自己暗示」という手法がある。「自分は絶対受かる筈だ」という自信を適度に身につける方法である。ただ下手をすると自信過剰となるおそれがある。反対に自分には高いハードルだと思い込んでしまうと、不思議に本来の実力が出せないものである。受験は純粋な学力以外の要因が、合否に絡んでくるものである。早い話が前夜よく眠れたかどうかも、勝負の一つである。

囲碁では終盤近くになって、目の数を目算することが重要な素養の一つになっている。合格ラインは平均点何点なのか。どの科目でどう稼ぐのか。あらかじめおおよその配分を考慮しておくことは、欠かすことができない重要な作戦である。これらのことは他人に言われて気づくものではない。自身で自己防衛本能から、おのずと身につけるものでなければならない。

既述のとおり伊甫は世界史で五〇％取れないだろうと観念していた。ところが本番では全問とも得意な分野が出題された。不合格なら原因は世界史だろうと覚悟していたのに、なんと世界史が救世主となったのである。伊甫の場合こんな信じられない幸運の結果合格となったものである。だから弟の場合も、単純に兄より成績がいいから、というのは少し甘い考えである。これはどこの兄弟でも同じであるが、長男の苦労は見た目以上に大変なのである。

それはさておき、弟修は受験のとき新星学寮を利用させていただいた。山梨からここまでは自分で辿りついた。試験での修の席は伊甫と二人で確認した。寮に戻るとどなたかご親切に紅茶をサービスしてくれた。しかし伊甫は自分は飲んだが、修のものは丁重にお断りした。修は紅茶なんておそらく生まれてはじめて飲むのではなかろうか。もし興奮して夜眠れなかったら、とんだことになる。そこが普通人と貧乏な米長兄弟の違いである。修は黙って伊甫の指示に従った。

三日間の試験は終わった。直後に配られる模範解答との照合で、どうやら合格が色濃くなってきた。ただここで修はいらないことをやってしまった。受験指導業者の「どなたか自信ある方は感想をお願いします」という呼びかけに応募したのである。

野球やサッカーでは、勝利監督インタビューというものがある。それは勝負の決着がついた後に行なわれるものである。勝負の前から「自分は勝ちました」なんてことは、厳に控えるべきである。そんなことをしたらつきが去ってしまう。このことは将棋のプロの卵邦雄からも、文句が飛び出した。

まあ言いたいことはいろいろあったが、修は文科Ⅰ類の難関を突破した。残るは三男優だけとなった。兄弟三人はささやかながら祝杯をあげた。修は柔道部を志願した。だから駒場寮でも柔道部の部室に入った。そして将棋は副業として嗜んだ。でも大学リーグ戦には出場させていただいた。内向的な伊甫に比べ修は社交上手だった。大学生活は伊甫以上にうまく切り抜けたようである。

将棋学生名人戦

現在の学生名人戦は北海道から九州まで、文字通りの全国区で実施されている。しかし当時は全国的な学生組織はなく、関東と関西の対抗戦を「全国」と表現していた。また大会は春季・秋季と年二回開催された。もちろん小学・中学・高校の大会は全く存在しなかった。だから今のこども達はいかに恵まれているか、そんな気がしてならない。

関東では各大学の推薦で出場選手が決まり、そのための予選というものはなかった。選手は関東・関西各三二人で、合計六四人で争われることになった。会場は大阪であった。関東の選手はお揃いで国鉄東海道線の鈍行を利用した。伊甫が四年生の秋のことである。木村さんが抜けたので、関東にも関西にも、大本命はいなかった。

伊甫は大会初日を無事通過してベスト八の仲間入りした。そしてその日の夜はほんとにぐっすり熟睡した。朝目覚めると頭脳が表現できないくらい明晰であった。伊甫は無心で準々決勝に臨んだ。それから伊甫は無事に決勝に進出した。もう一方のグループでは準決勝で、当時最強といわれていた中平貴将さんが敗れたのである。伊甫はこれまで中平さんには一度も勝ったことがない、大の苦手であった。伊甫は運が向いてくるのを感じた。

決勝の相手は中平さんに勝てたことに満足して、勝負の執念が全く感じられなかった。その幸運も手伝ってか、戦局は「腰掛銀」の中央で銀と銀が衝突するという「ガッチャン銀」の超急戦となり、相手は伊甫の攻めるままに素直に応じてくれたので、短手数の圧勝となった。かくして伊甫は大タイトルを手中に収めることができた。

帰路はそれぞれがまばらであった。伊甫は夜二三時五〇分大阪発の鈍行列車に乗った。東京着は翌日一四時四〇分である。この間仮眠をとりながら、優勝カップを抱いて帰京した。新星学寮では早速祝賀会を開いてくれた。優勝カップに満々と酒を注ぎ、みなで回し飲みをした。土木工学科では学友も先生方も手放しで喜んでくれた。

冬休みには山梨へ帰省し、甲府の山口さん宅を訪れた。優勝を報告するとさっそくお隣の「笹一食堂」からカツ丼をとりよせた。そして頂戴した四段の免状に対し、額縁をプレゼントしてくださった。

お嬢さんの華子さんからも祝福していただいた。郷里増穂町でもしばし噂がもちきりであった。望月千代吉先生にもご挨拶した。

伊甫は大会を振り返って、かつての山梨県名人戦と重ね合わせた。県名人戦では吉村さん・新井さんという自分よりはるかにお強い方が二人もいたのに、幸運が重なって優勝できた。今回の学生名人戦も中平さんという自分より強い相手がいたのに、運良くタイトルをものにできた。伊甫は勝負の機微というか、自分はラッキーだと、つくづく思い込んだのである。

就職戦線

四年生の秋深くなると、いよいよ就職が身近に迫ってくる。伊甫もどこかを選ばなければならないのだ。とりあたって公務員試験がある。しかし伊甫は公務員を好まなかった。普段不勉強のため、上位合格は到底無理である。それと伊甫はなにもかもじっくり自分でやるのが好きで、人を使ったり監督する仕事は不向きであった。土木というからには、コンクリートと土壌はつき物である。しかし双方とも論理的にすっきり解明することが難しく、その方面への就職は二の足を踏んでいた。

鉱山や炭鉱関連の会社からも求人があった。とにかく初任給が抜群に高かった。当時公務員の初任給は九〇〇〇円だった。ところが炭鉱会社は二万二〇〇〇円だったのである。ボーナスも多いという。飢えたる伊甫の心は大きく揺れ動いた。でも辛うじて踏みとどまった。

次に目に止まったのが、帝都高速交通営団だった。いわゆる地下鉄だ。とにかく郷里山梨に近いことが魅力である。ここからは一年先輩が求人活動にやってこられた。なんでも橋梁の設計を担当しているという。でもどこかの大学に教官として、返り咲きを狙っておいでとのことだった。

そんなときM重工社の求人が目に入った。仕事は橋梁の設計・製造である。橋梁には鋼とコンクリートの二者があるが、その前者である。伊甫はそれならやれそうだと直感した。また伊甫は工学博士も欲しいと思っていた。もちろん働きながらの学位取得である。M重工社には、なんとなくそんなゆとりがありそうな予感がしたのである。そしてその予感は的中することになるのである。

就職はそれぞれの学友の希望が絡むものである。だからなんでも自分の思い通りに行くものではない。当然各求人先は輻輳することになる。最後は学業成績で判定される。幸いなことに伊甫は将棋学生名人になったことで、就職担当の先生も学友もおおらかに対応してくれた。お陰様で無事M重工社に内定した。

M重工社では東大卒の一二名だけで入社試験が行なわれた。内容は面接と健康診断だけだった。初日健康診断で採血された伊甫は、少し気分が悪くなった。そこで翌日朝食のとき、なんと赤玉ポートワインをコップ一杯引っかけたのである。つまり赤い血をとられたので、赤い液体を補充するという単純な理屈からだった。なんとほろ酔いの状態で、面接試験を受けたのである。

幸い面接担当者は気がつかなかった。まさかそんなことが起こるはずがないからである。また万一のときには、伊甫は正直に事情を説明するつもりであった。結果は何事も起こらなかったが、実に非常識な行動であった。ひょっとしたら一生を棒に振ったかもしれないのである。

いろいろ紆余曲折はあったが、無事本郷を巣立つことができた。

七、M重工社神戸事業所の生活

愉快な麻雀職場

伊甫はM重工社の正社員として、社会人の第一歩を踏み出した。大学卒は約五〇人、まず東京神宮の森の一角、日本青年会館で入社式と初期の合宿訓練が行なわれた。みな若々しく、希望と緊張に満ちていた。マンモス企業の概要や会社の歴史、理念といった愛社精神の基礎を叩き込まれた。

新入社員の身分は、大学卒が「見習甲」高校卒が「見習乙」だった。「見習」というと一般的には響きがよくないが、一年間全く実務から開放され、職場の関連先をうろうろしながら勉強させていただくという、大変有り難い制度である。従って「見習」は旗本社員のレッテルといっていいだろう。歴代の社長も勿論「見習」のなれの果てである。

新入社員の集合教育が終わると、いよいよ実務の配属先へ送られることになる。伊甫は神戸事業所であった。そして工場現場であった。伊甫は出勤の初日、朝は少し早めに職場に顔を出した。課長は石元さんとおっしゃる方だった。課長は開口一番言われた。「我が職場は麻雀をもって人の和をなしている。仕事もさることながら、まず麻雀に精を出せ。以上だ」

伊甫はびっくり仰天した。しかし内心「しめしめここはやれそうだ」とほくそえんだ。職場には麻雀気狂いがごろごろしていた。まず驚いたのは昼食である。昼食の器は軍隊を思わせるアルミ製のおわんだった。その中にちょっとしたおかずが入っている。ところがみながつがつと早飯を口の中へかっこんでいる。ばかにせわしいなと思っていると、組立式の雀卓が数台事務所の奥に用意されており、食べ終わるとそこへ殺到してゆくのである。

なるほどもたもたしていると、メンバーからあぶれてしまうのだ。あぶれた者は誰かを指名し、そのプレーヤーは、取っても取られても、二人分となる。それを「ウマ」と呼んでいた。職場は熱気がこもり、活気だってみえた。伊甫もいつしかその仲間入りしていた。

職場では徹夜の麻雀も奨励されていた。伊甫もたまにではあるが徹夜の麻雀をしでかした。朝出勤すると、さすがに眠かった。職場では話題の花となり、ちやほやされた。そしてさる先輩が夜勤者用の仮眠所に案内してくれた。午前中仮眠が許され、入口には「会議中」の立て札が立てかけられた。ここで一息つくことが、許されたのである。現在の厳しい世情からは、とても信じられないおおらかな時代、おおらかな職場であった。

有馬温泉には会社の保養施設があった。費用は一泊二食付で一〇〇〇円と、格安だった。職場では毎年恒例の「課長杯争奪麻雀大会」が徹夜で行なわれた。当時は土曜日は出勤だったが、会社が終わるとみなで貸切のバスに乗って、有馬温泉へ繰り出した。そして入浴・食事もそこそこに、さっそく雀卓を囲むことになるのである。

大会は翌朝終了する。でも、中には日曜日の夕方まで続ける者もいた。まさに麻雀の合間に仕事を覚えるという日々が続くことになった。

職場には酒道の達人もいた。長井巌さんという、伊甫よりちょっと年配の方であるが、まさに「夜の王者」であった。神戸の繁華街というと三宮であるが、いろいろな店をご案内された。はしごが常だった。長井さんはいつもパッと気前よくお金を支払ってくださった。伊甫もそれなりに自分だけで出掛けることも増えてきた。当時は中学卒業と同時に就職することが多かったので、歓楽街は若い女性で満ちていた。だから経済的には日本はまだまだだったが、街は活気に満ちていた。長井さんは人生の指導者のお一人である。

伊甫は二年の現場生活を経て、設計に移籍となった。それと同時に夢の職場も様変わりしてきた。まず昼休みの麻雀が禁止された。誰が調べたのか、昼麻雀をする社員は肺病の発生率が抜群に高いというのである。また課長杯の徹夜麻雀も中止となった。大会の優勝者、ハタヤン・モリチャン・ツムラサンの三人が、三年連続で肺病に倒れたのだ。中止も止むをえないだろう。かくして夢の職場は消えてなくなった。

神戸の将棋

神戸事業所は囲碁も将棋も盛んであった。各部課の事務所には必ず碁盤と将棋盤がおいてあり、昼休みは三々五々に楽しんでいた。ただ当時は会社には、職員・工員という身分制度が存在していた。そして、囲碁は職員将棋は工員と、なんとなく区別されていた。

伊甫が将棋を指していると、「君は職員か工員かどっちなんだ」などと冷やかされることがあった。そんな時伊甫は「私は職員でもなければ工員でもありません。ただ将棋を指したいだけです」と、にっこり笑って答えていた。

事業所は人海戦術の造船が主力で、一万人に及ぶ従業員が働いていた。将棋部員だけでも二〇〇人を数えるほどだった。あまり強豪はいなかったが、質はともかく人数ではおそらく日本一の将棋部ではなかったか。

神戸市内では職域団体戦が年一度催されていた。選手一一人という、文字通りの団体戦である。こんな大所帯に応募できるのは、M重工社と神戸市役所と川崎重工、ダンロップの四社だけだった。別に優勝を争うのでもなく、終わったあとは懇親会を開いて、和気藹々たるものだった。伊甫は主将を務めた。そしてこれまで仲間が一度も勝ったことのない他社の強豪を倒したので、仲間からの信頼がたかまった。

神戸市内には坂田三吉の直弟子である藤内プロが道場を開いておいでだった。そこからは内藤プロや若松プロが輩出されている。ただ伊甫は麻雀や残業やお酒と、社会勉強が忙しく、道場にはあまり顔を出さなかった。今になって藤内先生に申し訳なかったと、反省している。

会社の将棋部は週一回、業務終了後近くの会社施設で例会を開いていた。また大阪の五人制団体戦と神戸市の三人制団体戦には繁く参加した。神戸市の一一人団体戦は解散し、広く市民に公開の三人制に移行していたのである。参加費は部から、つまりは会社から補助された。また将棋部は、時にはかの有馬山荘で徹夜の強化合宿をすることもあった　伊甫は重ね重ね、有馬山荘のご厄介になった。

今将棋の兄弟として名高い「谷川兄弟」も、まだ幼い小学生の頃で、時折M社の例会に顔を見せることがあった。また「おゆき」で有名な内藤先生もまだプロの卵で、三宮の繁華街を、歌を歌いながら店から店へ移動されるお姿を目撃している。そして若松先生がアマ名人となられて、兵庫県のアマ将棋界は沸いていた。

伊甫たちも及ばずながら、大阪の大会も神戸の大会も、ほんの時々ではあるが団体優勝している。また伊甫はたった一度だけであるが、アマ名人戦の兵庫県代表になった。代表決定戦は「相振り飛車」という当時としては珍しい戦形だったが、ちょっとした相手のミスを鋭く突くことができて、快勝だった。

しかし伊甫はとんでもないミスをおかした。西日本大会のちょっと前にうっかり深酒をしすぎて、それが尾を引き当日はいつもの頭脳の冴えがなかったのである。大会の前日は各府県の代表が勢ぞろいしたが、沖前年度名人の豁達な人間性に圧倒され、「将棋以前に人物像としても歯が立たない」と、なんだかはじめから敗戦ムードだった。予選では島根県代表の高校生にもボロ負けだった。

この頃末弟邦雄はプロ四段となり、いよいよ正規の棋士に登用された。三男優も東大に合格し、国家公務員に登用された。在学中は伊甫・修に続き東大将棋部に在籍した。三人の段位は五・四・三段である。これに邦雄を加えると「兄弟の総合段位が日本一」ということになりそうなのである。ちなみに内藤兄弟も谷川兄弟も、将棋を指す兄はともに伊甫より強豪であるが、人数がお一人である。だから兄弟の総合段位は米長兄弟が日本一という、なんだか洒落にもならない事実なのである。伊甫は神戸の地でも、将棋が社交の武器になった。

父の旅立ち

話は入社当時に巻き戻る。入社間もない五月頃、「神戸市長杯争奪麻雀大会」が、神戸市元町の「桜荘」で開催された。これは噂であるが、優勝するとミス神戸にキッスできるというのだ。会社の雀狂たちはこぞって参加した。大会では開会に先立ち、ミス神戸の挨拶があった。さすがに美人だった。大会は一五〇人規模の大盛況となった。

満貫は「四千・六千」で東京時代よりも若干インフレになっていた。しかし一〇点棒は使用された。また風も東・南・西・北と、一試合二時間かけて争われた。三ラウンドの勝負だった。伊甫はたいしたケガもなく、二ラウンドを無事にこなした。そして第三ラウンドは大いにツキが回ってきた。しかし未熟な点が暴露された。

まず親でつもったときだ。伊甫は喜び勇んで「四八〇〇点＝ヨンパーオール」と叫んだ。でも後で考えると正しくは「六四〇〇点＝ロクヨンオール」だったのである。次にやたらにピンズの多い手で聴牌し、リーチをかけた。しばらくして他のメンバーがヤミテンで安上がりした。すると後で観戦していた誰かが、「あの牌であたりじゃありませんか」と指摘した。

つまり当り牌が出されたのに、待ちが複雑すぎて見逃してしまったのだ。もしこれらが全て正常に推移していたら、ひょっとして優勝も夢ではなかったのである。それよりももし流局だったら、チョンボ代として半満貫を支払わなければならなかったのだ。

伊甫は幸運と不運が交錯して結局一〇位入賞を果たした。そして賞品は男女カップルのゆかた用布地であった。それはMデパートの商品であった。伊甫はMデパートの衣類売場に立ち寄り、あつかましくもそれを山梨まで無料で送って欲しいと頼み込んだのである。伊甫は社会常識がなかったので、なんの遠慮することなくストレートにお願いし、相手の売り子さんも田舎丸出しの伊甫に同調していただいた様子だった。

かくして就職しての伊甫の第一号の親孝行は、なんとマージャン大会の賞品であった。間もなく郷里から、父母のおそろいのゆかた姿の写真が送られてきた。伊甫は成績が一〇位でよかったと、しばし写真にじっと目を注いだままだった。

また神戸は「神戸牛肉」が有名だった。そこではじめてのボーナスをはたいて、両親に「味噌漬け肉」を一樽送った。ただ自身は独身寮にいて家庭料理が作れないので、神戸肉を賞味する機会には恵まれなかった。それでも徐々にではあるが、親孝行を開始した。

正月の長期休日に、伊甫は山梨に帰省した。しかし父二代目伊甫の病状が思わしくなかった。明けて元旦に父の様子は全く生気がなかった。そして一月三日に五三歳で逝去した。葬儀の喪主は母花子が務めた。

伊甫は神戸の職場主任にあてて「チチシス・キュウカタノム」と打電した。それと入れ違いに「シキュウレンラクセヨ」との電報が届いた。伊甫は新年初日に無断欠勤の形になっていたのである。それからしばらくしてお悔やみの社電が届いた。父は僅かではあるが、生命保険に加入していた。手書きにて「それをこどもの養育費にあてて欲しい」とのメモ書きが残されていた。修と優はまだ大学生だった。しかしこども三人を東大に合格させて、父は安堵の旅立ちだったと推測する。

父伊甫は幼名が「定平」だった。祖父宗一はやはり病弱で、余り長生きはしなかった。宗一の父が初代伊甫で、祖父が定右エ門である。おそらく宗一はその定右エ門に随分と可愛がられて、こどもに「定」の一字をあてがったものだろう。なお米長家のご先祖には「平左エ門」がいらっしゃる。だから「定平」という名前は、米長家にとてもゆかりのある命名で、宗一のご先祖思いを偲ばせるものがある。

忌引き休暇が明けて伊甫は神戸に戻り、引き続き正常な活動が再開された。

競馬入門

独身寮での麻雀生活がややマンネリ化した頃のことである。土屋さんという中年男が、臨時職員としてひょっこり事業所に入社してきたのである。土屋さんは温厚な紳士であるが、なんと地方競馬で「予想屋」をやっておられたとのことだった。独身寮の麻雀仲間はこぞって競馬に転向した。いやいや麻雀で勝つ者だけが、それを競馬の軍資金として転用した。

土屋さんは競馬のプロだけに、競馬場で実際に馬を眺めながら、馬の見方をはじめ馬券の買い方や血統などもろもろの基礎教育をしていただいた。みなそれぞれに競馬の愛好者に化けていった。当時はまだ土曜日は出勤だった。競馬場に行けるのは日曜日だけである。また予想新聞は三宮駅の売店一ヶ所だけで売っていた。会社から独身寮とは反対の方向だった。伊甫は毎週土曜日の夜になると三宮に出かけて予想新聞を買い、近くの喫茶店でコーヒーを飲みながら名曲鑑賞に替えて馬券を検討し、贔屓の飲み屋で一杯やることが日課となった。

競馬場は京都と宝塚、また東京に社用で出張したときは府中と中山の各国営競馬場であった。伊甫はすぐに競馬が大好きになった。その原因はいろいろあるが、美しい広大な緑の芝生と可愛らしい競走馬の存在に惹かれていた。だから競輪と競艇には全く手を染めなかった。

日曜日は忙しかった。三宮駅で土屋さんと待ち合わせ、みなで揃って競馬場に向う。寮に帰ってくるとテレビが、六時から「てなもんや三度笠」、六時半から「高杉晋作」、七時から「隠密剣士」、七時半から「風雲真田城」と、どれも続きものであるが、みな好きなドラマであった。

競馬場はお金の損得を別とすれば、非常に健康的な場所である。まず緑の芝生、公園のような内馬場、日光浴、またパドックや本場場との往復による歩行運動、お金の勘定によるボケ防止、等々よいことずくめである。だからほんの少々のお金を持って競馬場に家族でハイキングに行くことも、立派なレジャーである。

当時はオーロラビジョンなどはなく、貸し双眼鏡があった。千円の預け金で双眼鏡を借り、それを返すとき若干の使用料を支払うのである。また馬券を買うとき、お釣りというシステムがなかった。そこで両替屋が繁盛していた。買う馬券はほとんどが一〇〇円券なため、千円を百円玉に換えてもらう。手数料は千円につき二〇円だった。双眼鏡で向う正面を走っている馬を眺めていると、どこか英国の貴族になったみたいで、気分爽快この上もなかった。当時の競馬は牧歌的で、現在よりは高尚な感じがしている。

とにかく将棋でも競馬でも、しっかりした有段者から手ほどきを受ける。これがなにより大切である。伊甫は初老の現在まで、長らく競馬と付き合うことになった。土屋さんも人生の師のお一人だと考えている。

トランプのいざない

神戸事業所では修繕船も事業の柱の一つであった。当然諸外国の船員さんが多く、修理期間中は丘に上がることになる。従って当事者はそのお相手をするため、英会話とコントラクトブリッジが必修であった。当然事業所全体にブリッジの愛好者は多数存在していた。

ある時職場内でブリッジが爆発的に人口増大したことがある。伊甫はその波に乗って、ブリッジにも手を差しのべることにした。少年時代に「烏賊のおじさん」から「ウルトラ」のご指導を受けていたので、スムースにブリッジに移行できた。ここでも麻雀や競馬の悪友が主導権を握っていた。しかし麻雀や競馬に関係ないエリート社員も仲間入りした。ここで伊甫は新しい大勢の友人と知り合うことになった。

やっぱり経験とは恐ろしいもの。伊甫は少年時代の素養がものをいって、ブリッジでも頭角を現し、いつしか全体のリーダーに祭り上げられていった。ブリッジは四人がプレーするが、互いに向かい合いどうしが味方である。この四人を二組とし、それぞれの二人が相手と対戦すると、四人対四人の団体戦が可能になる。これを「チームオブフォア」という。

事業所内では一六チームが結成され、一年間を費やして総当りリーグを展開することになった。そして伊甫が事務局担当となった。成績の集計や日程が遅れている関係者への催促など、多忙な日々が続いた。将棋に、競馬に、麻雀に、その上ブリッジだ。心ある職場の上司は、少しセーブするよう伊甫に注意をうながして下さった。

確かに仕事あっての給料・ボーナスである。伊甫はこの忠告を心に刻みながら、ギリギリの極限まで課外活動に打ち込んだ。伊甫はそのうちにブリッジには「日本コントラクトブリッジ連盟（ＪＣＢＬ）」という組織があり、関西にも支部があること、神戸市近辺にも会社の同僚とは比較にならないハイレベルのプレーヤーがいることを聞かされた。伊甫は思い切って同僚数名とＪＣＢＬに加入させていただいた。

囲碁将棋には段級位があるが、ブリッジにはマスターポイントがある。この評価は国際ルールで定められている。ポイントは次第に加算されてゆく。段級位はお金で買うことができるが、マスターポイントはお金で買うことができない。伊甫は現在までに三〇〇ポイントほどを貯めることができた。これは囲碁将棋でいえば、立派な有段者である。

伊甫はＪＣＢＬに加入することによって、全く新しい世界が開けてきた。まず職場の王者だったのに、新参者に格落ちした。でも伊甫は楽しかった。将棋のように、いつかこの世界でもチャンピオンになりたいと、大きな希望を抱いていた。それは遠く昭和六〇年に、東京本社へ転勤してから実現することになる。

当時芦屋市にはブリッジの主要メンバーがお住まいで、「芦屋クラブ」がその推進力であった。澤田清兵衛さん（故人）というお方がリーダーで、自宅を開放されたり、後進の面倒を見られたり、将棋の山梨県、山口吉次郎さんのような存在だった。伊甫や会社の同僚はこのハイクラスの人たちと、ブリッジなるが故に交際を許された。芦屋市での大会は、芦屋仏教会館がいつも会場に指定されていた。

澤田さんは「関西社会人ペア大会」を企画された。関西一円の社会人と芦屋クラブから、約一〇〇人が参加する盛大な大会となった、伊甫は会社の村田さんという先輩とペアを組み、優勝した。大きな社外の大会で、はじめての快挙だった。この大会はしばらく閑居していたが、澤田さんに促され、今度は伊甫が立案者として開催することになった。

伊甫は自分が放蕩生活を送っていることから、神戸での生活がそんなに長くないのではないかと、うすうす感じていた。そこでいつまでもよい思い出になるなるようにと、大会は婚礼用の式服姿で臨むことにしたのである。これには澤田さんも驚いた様子であった。大会では伊甫は僚友北条重信君とペアを組んで、再び優勝することができた。伊甫は次第に社外の大会に主軸を移していった。

夢の架け橋

当時建設省は瀬戸内海に橋を架け、本州と四国を結ぼうという壮大な構想を案画しておられた。さっそくプロジェクトチームが編成され、伊甫もチームの一員になり、会社から出向することになった。まさに夢のような、大きな仕事だった。

この連絡橋のルートは、明石海峡と、岡山—香川、それから広島—愛媛の三ヶ所が考えられていた。伊甫は当然神戸市民の代表として、明石海峡に導くべく、胸をときめかしてプロジェクトに参加したものである。

しかし思わぬ難題が待ち受けていた。まず日本の国力からいって、ルートは一ヶ所が限度であった。そしてそれは経費が安く工事が容易な岡山ルートで、ほぼ決定していたのである。明石海峡では主塔の間隔が二〇〇〇メートルあり、それを支えるケーブルは、一八〇キロの強度が要求された。つまり直径一ミリの針金を作り、それを引張って破断する限度が一八〇キロということである。ところが現存する最強の鋼材は、一六〇キロであった。僅かではあるが、建造不可能だったのである。

また身近にいやな問題が発生した。英国がセヴァーン橋という画期的な吊橋を建造して、世界をあっと言わせたのである。会社の一部からその設計特許を取得して、明石海峡に架橋しようという構想が持ち上がってきた。伊甫は真っ向からその案に反対した。

セヴァーン橋は主塔間隔一一〇〇メートルで、普通吊材が垂直のところV字になっているのが特徴である。伊甫はその構造に疑念を抱いていた。ましてや主塔間隔二〇〇〇メートルの建造は不可能とみていた。しかしこれらはあくまで伊甫の直感であり、机上の空論にすぎなかった。とにかく伊甫は神戸市民の期待を裏切り、会社の盛り上がったムードを壊し、失意のうちにプロジェクトを去っていった。

これは後日談であるが、日本は予想外の経済大国に発展した。また鋼材は一八〇キロ鋼が開発された。それにセヴァーン橋は欠陥構造であることが徐々に明確になってきた。結果的に現在のような三ルートが建造されて、万事目出度しとなった。

伊甫は全てを失ったように思えたが、意外な拾い物をした。当時ケーブルは美しい放物線を描いていたため、微分方程式で解析されていた。大学時代に不勉強だった伊甫は、この世界的な解析法が苦手であった。そしてコンピュータの発達を利用して、なんとケーブルを近似多角形として数値解析するという、新機軸の手法を完成させたのである。

多角形の分割を細かくとっていくと、理論値と有効数字三桁まで合致することが確認された。それをさっそく札幌市で開催された学会で、発表させていただいたのである。そして、関係者を驚かせた。それは後刻博士論文の一翼を担うことになった。もっともこの解析法は今では常識になっている。伊甫は新しい方向性の先鞭をつけることに成功したのである。

二つの縁談

入社して三年目の頃、伊甫に二つの縁談が舞い込んできた。一人は東京で船長の娘、まさに絶世の美女だった。もう一人は神戸で、某女子大英文科を首席で卒業した才媛だった。無条件でスチュアデスになれたのだが、故あって地上勤務とのことだった。伊甫は当時コンピュータの技術を持っていて、ちょくちょく東京本社へ出張が許されていた。だから双方の女性とはうまくお付合いすることができた。

その頃は競馬の秋の天皇賞は、一一月二三日勤労感謝の日に、また菊花賞は一一月の最終日曜日であった。天皇賞の距離は三二〇〇メートルで、現在の二〇〇〇メートルよりはるかに波乱があり迫力があった。競馬専門紙では「東に天皇賞・西に菊花賞」と、でかでか書きたてたものである。伊甫も東西に彼女がいて、まさに競馬同様にわが世の春を謳歌していた。

東京の府中競馬場で珍しく「単勝」と「複勝」という固い馬券を購入したところ、何回か連続で的中し、八〇〇〇円ほど儲けたことがあった。月給二万円の頃だから、大きい金額だ。さっそく船長の娘を呼び出し、デパートで新しい洋服に着替えさせたことがあった。家の人たちをびっくり仰天させようとのジョークのつもりだった。しかし冗談が過ぎたようだ。伊甫はなんだか危なっかしい博打打ちに見立てられ、ばたばたしているうちに破談となってしまった。

一方西の彼女であるが、映画館に誘ってみた。当日はあまり適当な映画がなかった。とにかくどこかへ入ろうということになった。そこで無理に入って見た映画が、なんと植木等の「無責任もの」だったのである。伊甫はストーリーが単純で面白かったため、思わず大きな笑い声を発してしまった。しかし彼女はどうも高尚なエリート指向のようだった。「性格が合わない」ということで、お断りの手紙が届いた。

二人の美女と才媛を失い、仕事も行詰った伊甫はさすがに精神的にこたえてきた。それを決定付けるできごとが追加された。府中の天皇賞では牝馬のクリヒデを密かに狙っていた。その前のトライヤルレースでは、トウコンが一着、クリヒデが二着だった。伊甫は本番ではこの一、二着を逆にした馬券にしてみようと思っていた。

配当は一〇〇倍という、万馬券であった。伊甫は一〇万円の大金を抱えて、新宿の場外馬券売場へ趣いた。その馬券で一発勝負を決意していた。現在でいえば一〇〇万円の馬券をどんと買い、一億円儲けようとの魂胆である。そこで馬券を購入していれば、なにも問題なかったのである。ところが伊甫は一世一代の勝負だから、現地へ行って馬を確かめてからにしようと、思い直した。

問題の府中競馬場のパドックでは、なんとクリヒデがあくびをしたのである。伊甫はいやな感じを受けた。なんだか破談間際の二人の女性が連想された。伊甫は大勝負を思いとどまった。結果はなんと最初の予想通りとなった。もし新宿で予定通り馬券を購入しておけば…伊甫は次から次に襲ってくる不幸に抗しきれず、強度のノイローゼとなってしまった。

妻恵子との出会い

伊甫はダウンはしたがどうにか会社に勤務し、いくつかの縁談は続いてきた。それらはなんとなく消えてゆき、不思議なことに恵子とのだけが残された。それは恵子の祖母つるが特に熱心に伊甫を評価してくれたからだ。恵子は東京だったが、伊甫は東京本社に毎月一～二度出張のチャンスがあった。恵子の自宅でお見合いをして、しばらくお付合いしようということになった。

伊甫は最初のデートに府中競馬場を選んだ。秋の天皇賞の日であった。伊甫の目的は自分が危険な競馬狂であることを示し、さっさと別れるつもりだった。ところが一〇万人余の大観衆の中で、大学の同級生・加藤徹夫君夫妻とばったり出くわしたのである。こんな偶然があるのだろうか。恵子は「競馬は加藤さんのようなエリート社員がたしなむもの」と思い込んだようだった。

伊甫は馬券はヤマトキョウダイを狙っていた。もし単勝馬券に一万円投じていたら、払戻し金六万九〇〇〇円で当時の新婚旅行の費用をものにすることができたのだ。しかし大本命のメイズイを絡めたため、またも大魚を逸してしまったのである。加藤夫妻とは競馬場で別れた。

次のデートは有楽町のロードショウ「マイフェアレディ」だった。ここでも貴族の趣味として、アスコット競馬場が登場する。細川たかしの歌「浪花節だよ人生は」には「馬鹿な出会いが利口に化けて」という下りがある。伊甫の場合馬鹿な筈の競馬がすっかり利口に化けてしまった。そして伊甫と恵子は結ばれることになった。

伊甫は恵子の家を正式に訪問し、エンゲージリングを手渡し、両親に挨拶した。恵子の父光男と母ふみゑもにっこり迎え入れてくれた。生家の二〇〇坪ほどの広い庭園をまのあたりにしたとき、こんな家庭環境で育てられた恵子は、伴侶として間違いないと確信した。

新婚旅行は四泊五日で北九州を選んだ。当時としてはせいぜい熱海に一泊二日が普通だったから、相当な旅行であった。費用は競馬で儲けそこねたが、母ふみゑがポンと出してくれた。九州からの帰路は瀬戸内海航路の船旅とした。一応特別室を利用した。伊甫はふと思った。まさか超美女のおやじが船長ということはないだろうかと。しかしそれは今となっては楽しい思い出であった。

旅行から帰るとおんぼろ社宅が待っていた。でも惠子はそれが普通だと思っていた。父光男は今でこそ会社役員であるが、修業時代は相当な貧乏生活を経験していた。社宅は家賃が千円、アパートは一万円だった。給料が二万円そこそこの伊甫にとって、いや惠子にとって、その差額は大きいものがあった。伊甫はまたそこに競馬の財源を狙っていた。

新婚旅行から帰宅すると落ち着くひまもなく、悪友達の「ストーム」が待ち構えていた。ストームとは当時の神戸事業所の悪しき風習である。つまり悪友が一団となって徒党を組み、怪しげな絵画を掲げ、なかには口ひげやひょっとこ仮面に変装して、新婚家庭を襲うのである。

近くの電信柱の手の届きにくいところに張り紙したり、隣近所をわざと起こして、「これから騒がしくなりますがごめんなさい」と挨拶したりする。でもこの洗礼が派手なほど、仲間の祝福も盛大な証明なのである。このことは男性は承知しているが、新婚花嫁さんはなかなか理解してもらえないのが実情だった。なかには泣き出すお嫁さんも少なくない。またお嫁さんが立腹のあまり「この獣め！」と絶叫して実家に帰ってしまい、上司が改めてお詫びに行脚して連れ戻した、なんていう例もある。

惠子の場合は冷静そのものだった。しかも誰かがゴミを落としたりすると、ガミガミ怒鳴りつけるありさまだ。どちらがストームされているのか、分らなくなってしまった。悪友たちは「あんなしっかりした奥さんは珍しい」と、尻尾をまいて退散した。それからしばらくは、平穏な新婚生活が続いた。

コンピュータの技術革新

夢の架け橋の事業から脱線した伊甫は、仕事がなかなか手につかなかった。そんな時「電子計算機」

つまり今のコンピュータの卵が誕生したのである。伊甫は救いの神とばかりそれに飛びついた。M重工社はIBM社と契約し、六五〇という初期の機種を導入した。間もなく米軍とのからみでIBM七〇九〇という、当時としては世界最高水準の大型機を導入した。契約料はびっくりするほど高額で、年間三〇〇〇万円との噂だった。

電算機は使っても使わなくても、契約料は消えてゆく。そこで当時の牧田与一郎社長は「仕事でも趣味でも遊びでもなんでもかまわないから、技術者はとにかく電算機を使いまくれ」という特別通達を発信させられた。伊甫はしめたと感じた。早くも工学博士への野望が渦巻きはじめた。

電算機は東京本社に一台あるだけだった。幸いなことに本社にはやる気のある社員をピックアップして、個人指導するグループが現われた。伊甫も指導対象の一員に見込まれた。わざわざ出張旅費を頂戴し、本社まで出掛けてプログラミングの手法を指導していただいた。伊甫の指導員は織川史さんだった。彼とはウマが合い、生涯の親友となった。

当時は他社も大学もお粗末な国産機があるだけだった。中央演算処理装置の電源は真空管だった。これに対しIBM七〇九〇はトランジスタである。この違いは決定的だった。伊甫は橋梁構造で誰にも数値計算できないことを次々と専門誌や学会で発表した。例えば既述のとおり、吊橋のケーブルを微分方程式ではなく、多角形として近似計算することも、高性能な電算機に恵まれた伊甫の独壇場だったのである。

神戸市役所には島田喜十郎さんという職員がいらした。伊甫が「主桁間隔が異なる格子桁」の解析を試みると、早速それを専門誌に発表するようアドバイスしてくださった。また例の吊橋ケーブルの解析も、学会で発表できるよう、北海道札幌市まで出張許可の工面を会社にお願いして下さった。

この頃大学の恩師も伊甫の活動を微笑ましく眺めて下さっていた。そして研究環境は電算機に限り大学院よりも神戸事業所の方が恵まれているとの見解を示された。ただなにぶんにも給料分の仕事はしなければならない。だから完全に研究専属は許されなかった。そこで恩師は「大学では卒業してから博士課程の修了に最低五年かかる。君の場合はその倍の一〇年ということでどうか」と切り出して下さった。伊甫はその目標に向って突進することになった。

工学博士への挑戦

伊甫は博士号への挑戦を人生最大の事業と位置付けて、おおよそのマスタースケジュールを立ててみた。そしていつまでに最低でもなにをしなければならないか、マイルストーンを設置した。幸い東京本社には自由に出張できる。しかも社長命令で電算機は勤務時間中におおっぴらにいじることができた。今にして思えば、日本国中でこんなに恵まれたサラリーマンも珍しいのではないか。伊甫は日曜日は競馬場に替えて、神戸市立図書館へ通い、高校・大学の受験生と一緒になって、厳正な雰囲気のなかで着々と題材を積み上げていった。

当時の橋梁業界は設計も現場も技術革新が激しかった。だから伊甫が発表したいくつかの技術論文は、二〜三年もすると陳腐化してしまった。しかし各時点では業界をリードするものであったことは事実である。論文はこのあたりの事情をうまく論旨の言い回しで誤魔化し、苦しい論文の執筆がスタートした。もう丁度入社して一〇年の節目の頃、恩師から「そろそろ提出してはどうか」とのお言葉を頂戴した。もし提出となれば、それからの合否は恩師の責任になってしまう。だからこの段階では恩師がほぼ合格と判断されてのご指示なのである。

伊甫は論文のことは社内では極秘を通してきた。うっかり口を滑らせると必ず邪魔する勢力が現われるのが、企業の常である。伊甫は本能的に自己防衛心理が働いていた。しかし論文提出ということになると、会社に技術を社外に提出してよいか、お伺いを立てる必要がある。ついに伊甫の秘密はおおやけにさらされた。論文は活版印刷だった。

ある同僚が会社には手書きの論文を提出して、承認されたあと社費で活版にさせていただくという形をとれと、忠告された。全くそのとおりだ。しかし手書きとするにはあまりに手間がかかり過ぎるのである。困っていると隣席の日笠正夫君が数人の仲間を呼んできて、手分けして手伝うと申し入れてくれた。この友情は有り難かった。そのため論文の手書き作業は急ピッチで処理できた。日笠君にはなにかと悩みの多い伊甫を、ことあるごとに助けていただいた。

論文は提出された。しかし審査委員（五人）のお一人から、小論文のアプリケーションに過ぎないとの苦情が出された。そこで「自動設計」という最新の解析技術を論文に加えることにした。このテーマは時流であり、伊甫の得意でもあった。それはすごく幸運なことだった。論文は半年で倍に膨らんだ。審査員は論文の内容もさることながら、臨時の飛び込み事項にどう素早く対処するか、その対応力をお試しになっているようだった。伊甫は目出度く合格した。

なおこの「自動設計」であるが、それは設計条件が与えられると、それ以降の設計者の作業をすべて電算機でまかなおうとするもので、それをいかに効率的に完成させるか、当時の技術者の共通の競争目標だったのである。伊甫はただ設計するだけでなく、それを製造するのに必要な溶接作業量やボルトの穴あけ数、防錆ペイントの塗装面積から果ては平均板厚など、コスト算出の基礎データまで、解析の対象範囲としたのである。

当時から半世紀経た現在は、コンピューターソフトが完備しているが、ここまで一貫しているソフトはめったにお目にかかっていないのである。競馬狂だった伊甫は、この方面でも常人とは一味違う本領を発揮したのである。

大学時代はやることが多すぎて、最低の学業成績で卒業した。その伊甫がなんとトップで学位をものにしたのだ。級友たちは唖然としたようだ。郷里の山梨では小中学の同級生や恩師が、盛大な祝賀会を催してくださった。また父光男からはダブルのスーツを贈っていただいた。

会社の某先輩から、「君は悪友と麻雀や競馬をやっていて、いつ論文を書いたのか」と尋ねられた。伊甫はにっこり笑って「競馬場で書きました」とお応えした。先に述べたように、社長命令の利得は大きかった。ただ論文は当然事務所か図書館で執筆しなければならない。しかしその前に構想を描くことが求められる。美しい競馬場で広大な緑の芝生と可愛い馬を眺めながら、頭の中では冴えた状態で次々と構想が浮かんできたのである。とにかく伊甫の所期の目的は達成された。

六甲のハイキング

恵子は間もなく子を宿し、無事男児を出産した。伊甫は新星学寮を訪ね、穂積五一先生に息子の命名をお願いした。希望は一文字ということにした。先生は「米長」には七画とおっしゃって、五個ほどの候補をお示しになられた。その中に「忍」があった。伊甫はそのころ忍者ドラマの「隠密剣士」に凝っていたので、喜び勇んで「忍」と名づけた。

神戸には六甲という背山がある。しかし「六甲」という山があるのではなく、五〇キロ以上に及ぶ山系全体を総称したものである。だからいろいろな山や谷があった。谷にはきれいなせせらぎが流れていて、飯ごう炊飯が可能だった。

職場でもハイキング同好会があって、毎月一回出掛けていた。伊甫は誘われるままに、ときどきお付き合いをさせていただいた。結婚してからはさすがに競馬の頻度は落ちていた。そして余った時間をハイキングにあてたのである。同好会は時には木曽の御嶽山や大台ケ原あるいは四国の剣山に遠出することもあった。お陰で伊甫は六甲には随分詳しくなった。

我が家でも忍が三歳になった頃から、家族ハイキングをぼちぼち始めるようになった。恵子は独身時代には北アルプスを縦走したことがある、登山ではちょっとしたものだった。これまで伊甫と恵子は趣味に共通点が見出せないままに、家庭生活を送ってきた。ところがここにきて、「ハイキング」という共通点が見出せたのである。

六甲にはバスもケーブルもあった。だからしんどいときには、バスかケーブルで山頂に達し、下りだけを歩くという選択肢も考えられるのである。我が家の社宅は神戸市の西のはずれにあった。だから最初のうちは須磨浦山とか旗振山が目標になっていた。ともに標高三〇〇メートルちょっとの小山である。しかし幼少の忍にとっては、なかなかの難関であった。

忍の成長に合わせ、ルートは次第に六甲の中心部に向っていった。例えばケーブルで山頂までゆき、逆方向の有馬温泉側に下山するといったコースである。また最高峰近くには回る展望台もあった。六甲に雪が降ると直後の日曜日には必ず登山した。とにかく忍は雪が大好きだった。そして忍は幼稚園卒業までに六甲の大半の登山ルートを踏破することになった。

伊甫は六甲ハイキングの卒業を裏付ける、あるイベントに参加した。それは任意の登山同好会「ひよこ登山会」主催の「六甲全山縦走登山会」への参加である。伊甫はここにも加入させていただいていた。そしてときには伊吹山登山にも参加している。

それはさておき全山縦走とは、西は塩屋駅近くの旗振山から東は宝塚までアップダウンの激しい五五キロの道のりを、一気に走破しようというものである。これに成功したら胸を張って六甲を語れるというもの。またちょっとした小グループでは、十分にリーダーの資格ありとされるものである。縦走には一〇〇人以上が参加した。そしてＡＢクラスに別れ、Ｂは午前六時、Ａは七時の出発であった。Ａには毎年参加しているベテランもいたようだ。伊甫は勿論Ｂである。

はじめ快調だった伊甫の足取りは、次第に重くなった。会は一列縦隊ではなく、各自の状況に応じて三々五々のものであった。いつしか仲間二〜三人ずつのばらんばらんとなっていった。最難関は丁度中間地点の「天狗尾根」と呼ばれる標高差五〇〇メートルの急坂ののぼりである。伊甫は必死になってこの坂を登りつめた。そして精魂尽きはたした。でもＢならほとんどのメンバーが同様の状態であった。

正直言って後はただ根性の問題である。「ここまで来たんだから止めるのはもったいない」と、伊甫は自分に言い聞かせ、まるで夢遊病者のように右足と左足を交互に前へ出していた。時期は三月末だから日は長い。伊甫は実に一三時間を費やしてゴールに辿りついた。「やった！」という喜びが全身を覆った。Bの標準時間は一一時間、Aは一〇時間を切る者もいるとのことであった。

翌日伊甫が職場でこの話をすると皆から祝福された。老部長は五五キロということを耳にすると、「昔の軍隊の行軍は一日八里だから、それは大したものだ」と妙な褒め方をしていただいた。

起死回生の応募

工学博士を取得した伊甫はその後泣かず飛ばずの生活を送っていた。そこへ大学恩師が、チェコ共和国プラハでの国際会議で発表できるよう、会社に頼んで下さった。そして承諾された。当時東欧は生活物資が不足しており、闇ドルがなんと一ドル一五〇〇円もしていた。プラハの空港からタクシーでホテルに向うとき、運転手がドルで支払ったら半額にすると話し掛けてきた。はじめなんだか分らなかったが、次第に様子が明らかになってきた。ドルは貴重品だったのである。伊甫は無事英文での発表をこなすことができた。

出張は伊甫と同業社合わせて三人で行動した。伊甫はヨーロッパのみ二週間で帰国した。あとの二人はさらに三週間に亘って渡米した。論文を発表した自分が二週間で、発表しない者が五週間とは何事か、伊甫は会社に文句をいった。しかし予想外のことが起こっていた。最後にアメリカ西海岸へ辿りついた二人はサンフランシスコでやれやれもうすぐ終わりだと、郊外をほろ酔い加減で散歩した。すると「ジャパニーズタウン」という立て札があった。二人は懐かしそうに中へ入っていった。

ところがどこにも日本人は見えない。なんだか貧民窟らしい怪しげな町並みが点在している。そこへ若者が近づいてきた。そしていきなりピストルをずどんと発射し、本物であることを示した上で、胸元につきつけてきたのである、所持金を全部奪われてしまったという。しかし二人はぎりぎりの状態の中で、パスポートだけは勘弁してくれと、交渉したそうだ。あとで分ったことであるが、そこは大戦時に日本人の捕虜を拘束しておいたところで、今はスラム街になっているという。その話を聞いて、伊甫はなんだか胸をなで下ろしたものである。

恵子は折からの地価上昇ブームに、なんとか宅地に手をつけようと持ちかけてきた。幸い父光男が一〇〇万円なら援助してもいいという。伊甫は残りは自己資金と借金で宝塚に四七坪の土地を購入した。総額四六〇万円だった。借金は一〇年返済であるが、家計を圧迫することになった。しばらく競馬は中断である。

伊甫は学位は取得したが会社に大きな利益をもたらすものではなかった。そのことは周囲から指摘されるまでもなく、伊甫自身が強く感じていた。そんな時本社では副社長のご発案で、社内に経営コンサルタントグループを設置するという、びっくり仰天の新構想を発表された。しかも自ら積極的に立候補する者は大歓迎だという。

伊甫は「これだ！」と直感した。そして躊躇することなく申し出て了承された。周囲は逆に驚いた。心ある同僚は、そんな危険なことをするなと引き止めていただいた。電算機の技術しか知らない伊甫が、全社の機械や電機の技術者を指導できる筈がないという、まさにその通りであった。しかし伊甫はそんな心配とは別に、全社的な大きな仕事ができそうだと、希望を膨らませていた。

伊甫は学位を取得できたし、国際学会でも発表できた。将棋もブリッジも優勝できた。土地にも手を打った。六甲の全山縦走もやってのけた。また「技術計算しかできない」という陰口に対し、業者を指導してではあるが「自動製図」の卵もつくった。一応神戸では「やるべきことはやった」と、心を整理することができた。振り返ってみると、神戸という職場は、まず麻雀天国の職場を振り出しに、仕事も遊びも大いに恵まれ、まさに「夢の職場」ではなかったかと、胸を張って宣言できるのである。

それに息子の忍も幼稚園卒業である。今が決断の時期だと自分に言い聞かせた。いよいよ東京本社へ出発することになった。

八、M重工社本社のコンサルタント稼業

順調なスタート

本社では名川光美部長以下先発隊のメンバーが歓迎してくれた。名川部長はおっしゃった。「我が部はいろいろな事業所のいろいろな部署からいろいろな人間が集まっている。まさに人間いろいろ、専門いろいろの寄り合い所帯だ。そこで職場の和を保つため仕事に付随して、五科目のいずれか二科目に勤しむことを奨励する」

そこで伊甫は「五科目とは何でしょうか」と尋ねた。すると名川部長はおほんと咳をされたあとおもむろに「それは囲碁・将棋・麻雀・ブリッジ、それとゴルフである」とお答えになった。伊甫は「私はゴルフ以外は全部できます」と答えた。すると部長は「君は顔色が悪い。すぐゴルフに入門せよ」とおっしゃられた。伊甫は即座にゴルフ入門を決意した。伊甫は少年時代の野球の経験から、いつかゴルフに入門しようと思っていたのである。そしてゴルフはある程度上達する自信があった。

おそらく五科目をこんなにこなす人間はおらないだろう。仕事は未知として、プライベートの分野では早くも自分が優等生だと、胸をときめかした。なんだか神戸の雀狂・石元課長の新入社員時代を思い浮かべて、これはひょっとして「第二の夢の職場ではあるまいか」と、ぞくぞくと喜びが湧いてきた。

そして何故自分はこんな運命だろうかと、不思議な気持ちになってきた。そのうち名川部長ご自身が雀狂であることが判明した。

コンサルタントにはいろいろの分野があったが、伊甫はVE（バリューエンジニアリング）のグループに配属となった。各グループはそれぞれ当時日本一といわれるエキスパートをコーチ役にお招きした。そして名川部長から三ヵ年計画が示された。

・初年度は社外エキスパートにマン・ツー・マンで付き添い、指導の仕方、講評の内容等を徹底的に修得する。
・二年度は自ら講師を務め、エキスパートに後から指導の仕方のコーチを受ける。
・三年度は各自各手法を修得し、社内コンサルタントとして自立活動する。

VEはジェムコ社の佐藤良社長以下の諸先生方が指名された。他の分野では大前研一さんのお名前があった。

大前研一さんは原子核関連の理学博士でいらっしゃる。それが経営コンサルタントに転進され、更に政治コンサルに、その先では都知事選に立候補されている。大前先生のこの行動規範は、伊甫に大きなインパクトを与えることになった。つまり自分だって工学博士ではないか。チャンスさえあればいつか必ず…伊甫はそんな思いを胸に秘めていた。そして七〇歳を半ば過ぎてから、その思いが爆発することになった。

老後の伊甫は民主政権の歴代総理にじゃんじゃん意見書を差し伸べ、その思いがままならぬとなれば、それを構成要素とする書物、すなわち本書の執筆に取組んだのである。でもその政治的アイデアは、これから修得する科学的手法によって論じられたものであり、決して初老の思いつきだけではないと確信しているのだが。

さて、VEの佐藤良先生は、その分野では天才肌の力量を感じさせるなにかをお持ち合わせであった。伊甫はすぐに私淑した。そして先生から貪欲に、その特技を吸収することに務めた。対象は重工社の機械・電機製品である。しかしコンサルタントの先生方はどなたもその分野では、技術的に素人であった。だから伊甫が電算機の技術しか持ち合わせてないことは、コンサルタント稼業に何も障害にはならなかった。要するにVE手法の本質を理解できれば、誰でもコンサルになれることが分った。

伊甫は昭和四六年一二月に本社へ転勤した。忍の幼稚園は翌三月までである。当然家族とは翌三月まで別居である。ところが最初の仕事は明石事業所の製品だった。そのため週末は神戸の社宅で妻子と同居である。日曜日には六甲にハイキングもできた。二ヶ月ほどで仕事は終わった。ところが次の仕事は京都だった。だから週末は同じことができた。惠子は伊甫が同期の中で最も昇進が遅い非エリートだと気付いていたが、この時ばかりは会社に心から感謝したそうだ。山梨の母花子にも京都出張を伝えた。そしたら母は観光旅行と勘違いして、「給料もらいながら京都なんて夢のようだね」と喜んでくれた。

VE発想に想う

VEの本質は豊富な発想で現状製品を改革することにある。だから手法の中には発想力とか創造性といった分野も含まれる。ジェムコ社には武智孝夫という先生がおられて「TT・STORM法」という発想体系を考案された。TTとは先生のイニシャルである。それは大約七つのステップから構成されている。伊甫はさっそく手法の理解と現物への適用を試みた。

佐藤良先生は物事を裏から、あるいは反対側から眺めると、思わぬ発想が浮かぶことがあると力説された。これを反対発想法=リバーススタンディングポイント法・略してRS法である。これは「リョウ・サトウの方法」でもある。

またVEは製品を物と見ず、機能で捉えることも基本事項である。機能とはその働きあるいは存在意義をいう。例えばガスライターは存在意義、つまり何のために買うかというと、たばこを吸いたいためである。これが「購入目的」になる。それを達成するために一番大切な働きは「炎を出す」ということになる。これを基本機能という。

次に炎を出すためには「ガスを蓄える」あるいは「発火できる」「消火できる」という二次機能が求められる。

ここで「目的」と「基本機能」の間には「目的と手段」という関係がある。また「基本機能」と「二次機能」の間にも「目的と手段」の関係がある。これはガスライターに限らず、世の中全ての事象に当てはまる理屈である。伊甫はVE手法を身につけたので、今までとは一味違う見方で世間を見、人と接するようになった。

話はしばし現在にスキップするが、お許しいただきたい。今国会では「消費増税賛成か反対か」と国会議員もマスコミも世論も、二つに割れて論争している。しかしVEの専門家である伊甫から見たら、余りにも幼稚な争いにしか過ぎないことが分かる。

国家最懸案事項とは何か。それは一千兆円に及ぶ巨額財政赤字ではないか。日本はいつ第二のギリシャになってもおかしくない。その増加をいかに抑えるか、また如何に減額してゆくか。それを全国民の至上の目的にしなければならない時期ではないだろうか。野田佳彦総理（当時）は「消費税増税に対して不退転の決意で臨む」とおっしゃられた。そして議員はこぞって賛成・反対の論戦を戦わせた。そもそもこの行為自体が、議員もマスコミも国民も、国家全体が非常に大きな勘違いをされていると思えるのだ。それはVEでいう「目的と手段」のはき違えである。

「目的」は「巨額財政赤字の解消」でなければならない。そして「増税」はその「目的」を達成するための「有効手段の一つに過ぎない」ではないか。ところがみんなでよってたかって、この一手段に過ぎない消費税を「ああでもない、こうでもない」と、空論を重ねているのである。

だから先ず総理は「増税」ではなく「財政破綻防止」に対して「不退転の決意」をなさるべきではなかったか。国家財政破綻回避のため、「新規の赤字国債発行無しを第一優先事項とする。そのためには消費税は何％とすべきか」と、こうこなくっちゃいけないのだ。消費税をどうするか、財政破綻回避を前提に論じなければならないのである。つまり消費税は二次目的なのである。

ところが今の日本で、「これ以上財政赤字を増大させるな」とか「消費税を値上げして、その一部で国債償却を行なうべきだ」という意見を正面切って発言する者が皆無である。増税は反対だが、財政赤字は発行しても一向に構わない、という論理は国家を破滅させるものである。国民全員が早くこのことに気が付いて、予防処置を講じなければ手遅れになるのだ。実は本書はこの一点が狙いで執筆するものである。

議員である以上は野党といえども、当然ただ反対だけでは許されないのである。「日本減税党」も減税して国民を救いたいお気持ちはわかるが、では新規財政赤字もゼロにしていただけるのか、そっちは致し方ないとおっしゃるのか、その点をもっと論理的に緻密に見通して欲しいものである。

また財政赤字を招いた主責任者として、八〇〇兆円の自由民主党と二〇〇兆円の民主党は、はっきり国民に謝罪していただく必要が生じてくるだろう。更にこの両者の責任を明確にさせるため、後日談ではあるが「米満伊甫」は自民党議員に五〇％、民主党議員に二五％の歳費カットを厳命している。同じ理屈で竹中元蔵相は「小泉改革は成功だった」と表明されているが、五年間で二〇〇兆円も借金したことに一言も謝罪がないとは何事か。小泉Ⅱ世も父親のことでちょびっとでよいから、謝罪が欲しいところである。こんな基本的なことを素通りしているとは、マスコミも国民も大甘ちゃんである。第一民主党が政権を取った直後、鳩山・小沢政権がこの一点に絞って自民党を追及して責任を取らせていたら、民主政権がこんなに危うくなることはなかったのである。

伊甫はこんな趣旨のことを、繰り返し民主政権各総理にご提案差上げたが、なにも反映させていただくことがなかった。それは本書後半の、「米満伊甫」に任せていただきたい。とにかく「アベノミクスは借金だけが残った」ということにならないよう、国民の一致協力が不可欠である。

話が少し脱線してしまったが、本論に戻ろう。「VE的視点」で自社の製品を眺めてみると、いろいろな欠点や不具合が浮き彫りにされて、さまざまな効果を積み上げてゆくことができた。伊甫はVEに遭遇して非常に幸せだったと、感謝の気持ちで全国の各事業所を走り回った。

本社将棋部の活動

幸い本社にも将棋部が存在していた。その頃代々木に会社施設があり、月に一度休日にはプロの先生をお呼びして、強化訓練をおこなった。時には会社の「海の家・鵠沼荘」や、箱根・熱海・伊東の会社保養所をフル活用した。伊甫はすぐに部員と仲良しになった。

日本武道館では春秋に年二回「職域団体戦」が開催された。選手は一チーム五人で、クラスはA〜Fまであり、各クラス六四チームである。つまり選手だけで二千人、これに応援も含め武道館は人で溢れていた。我が社はBクラスだった。何とかしてAクラス昇格というのが部員全員の悲願だった。伊甫は当然ポイントゲッターとして、期待されていた。

幸い伊甫が加わってからしばらくして、Aクラスに昇格できた。そしてそれから一〇年二〇期、Aクラスを維持することができた。この間リコー社は優勝の常連であった。メンバーはいずれも全国トップクラスの精鋭ばかりだった。その点当社はただ将棋が好きだという仲間の集合体で、よくAクラスで頑張れたものだと、今でも誇りに感じている。

伊甫は仕事の関係で、M社の工場を、横浜、名古屋、神戸、広島、下関、長崎と、まさに全国を股にかけて走り回った。マンモス企業の工場施設や人間、製品群などがすっぽり頭の中に入ってきた。これが何より貴重な資産となった。

各事業所のなかには当然将棋の強い者にも出くわした。そこで一度だけであるが、全社のつわ者を本社に呼び寄せ、さきの大会に参加したことがあった。結果はパッとしなかった。伊甫が絶不調だったのである。Aクラスになると選手の実力は紙一重で、ちょっとしたはずみで勝ったり負けたりする。だから日によっては全敗なんてこともちょくちょくありうるのである。

また名古屋事業所にもVE講師として、時折出かけることがあった。先方の応対者の中には、仕事よりも伊甫の将棋のお相手をお目当てにする社員もいた。そんな時話がはずんで、本社と名古屋の親善将棋交流会をやらかそうということになった。そして会社の名古屋・木曽川荘が会場に選ばれた。なんと神戸も参加したいと、申し入れてきた。総勢では数十名が集い、お陰で非常に賑やかな将棋の親睦交流を図ることができた。

長崎事業所では最強の山崎さんと伊甫が対戦し、一勝一敗となったが、社内報で大々的に取り上げていただいた。やはりVEで知り合った仲間が、社内新聞の担当者だったのである。伊甫は結構将棋を社交の武器とした。しかし現実にはブリッジや麻雀、ゴルフ、ハイキング等々の邪魔が入って、将棋は思うようには指せなかった。だから会社の団体戦には義務として参加するが、個人的にアマ大会に姿を見せることはなかった。

伊甫は出張の仕事のお陰でいろいろな手当てを頂戴した。だから個人財政は少し余裕ができた。競馬の小遣いも工面できるようになった。そして何よりも宝塚の土地の借金が、夢中で仕事や趣味に没頭しているうちに、気がついたら返済を終えていた。

職場の交友

職場は一〇人から二〇人、更に三〇人と次第に賑やかになってきた。それだけ全社から注目を浴びてる証左である。ただみな出張が多かった。しかし家庭もあるので、二週間に一度は本社に報告という名目で帰ってくるという制度が設けられた。仕事の大半は専従のプロジェクトで、先方の事業所の社員ともども、缶詰の作業が主だったのである。だから本社にいる時は麻雀やらゴルフやらと、気分転換に私生活でも職場の社員同士でお付き合いが活発だった。

名川部長は囲碁将棋はなさらなかったが、その分麻雀に力を注がれていた。専ら伊甫はそのお相手を務めた。本社は丸の内で、雀荘は国鉄の東京駅有楽町寄りのガード下である。連日深夜となるとしんどいので、ちゃっかり朝寝坊させていただくこともあった。職場でも「部長接待役」として、大目にみてもらった。職場には記録集計係を引受けてくれる社員がいた。なにしろ部長が好きなため、あちらこちらでチーポンやっているようだった。賭け金は低いので、大怪我はなかったようだ。

名川部長は文筆の達人だった。上層部への報告は伊甫が原案を下書きしたが、いつも文書はずたずたに手直しされ、原形を留めることはなかった。しかしいつもなるほどと思うような文書に生まれ変わっていた。伊甫はこの経験を通じて、文章力を鍛えていった。なにごとも修業である。

職場は年に一度、全社各事業所から責任者を集めて、これまでの活動の報告と翌年度の展開を話し合うという、大きな会議を主宰していた。伊甫は事務局員の一人だった。ところが名川部長は前日はレビューということを、一切なさらなかった。それより伊甫に麻雀のお相手を命じるのが常だった。何の先入観も無く、ぶっつけ本番の方が調子が出るというのだから恐れ入った次第である。

職場はゴルフも盛んだった。ゴルフは埼玉の河川敷にある「大宮ＣＣ」が選ばれた。首都圏で最も料金が安いゴルフ場の一つである。当時会員権は二五万円だった。ほとんどの仲間が会員権を購入した。

この頃伊甫は荻窪の集合社宅から、青山の一戸建てに替わっていた。南青山二丁目の四つ角のすぐ近くという、一等地だった。ただ物価は高くて閉口した。恵子はここまで恵まれたのなら、もう社宅を卒業しても構わないと言い出した。そしてなんと江東区の砂町に新築マンションを買うことにしたのだ。宝塚の土地を手放さずに購入するのが伊甫流である。ここでも父光男から相当額の資金援助があった。とはいえ最高級地から最庶民地への大転換である。一家はこの大変革に耐え忍んだ。

伊甫は車の運転ができないから、鉄道を乗り継いで東部線志木駅にゆき、そこからゴルフ場の連絡車を利用して現地へ辿りついた。この間ゴルフバッグは担ぎっぱなしである。仲間の多くは似た状態に耐えていた。でもゴルフができるサラリーマンは幸せの部類だった。

伊甫は第一打のドライバーで軽く二〇〇ヤードをオーバーさせた。みな「おや」という感じを受けた。伊甫に対しては将棋のひ弱なイメージをもっていたようだ。実は伊甫は少年時代に、野球で鍛えているのだ。「川上の赤バット」に憧れて、巨人軍入団を夢見たことがあったくらいだ。伊甫は時折「ドラコン賞」をいただいていた。伊甫は日頃もちょくちょく打ちっぱなしの練習場に通っていた。練習の虫だったのである。会社から帰宅してすぐ夕食ではなく、ゴルフ練習場で軽く一〇〇球ほど打って、帰宅してひと風呂浴び、それから食事にすると食欲が進み、健康上誠に好ましいのである。

ある時職場ゴルフのコンペが終わった後、徹夜の麻雀に誘われた。既に週休二日制だったので、土曜日の夜のことである。はじめのうち伊甫はなにか怖い気がした。ゴルフのコンペはとにかく一日中歩き回るのだから、相当な重労働である。そんなことをして、体の方は大丈夫だろうか。でもいつも断ってばかりはいられず、ついにＯＫを出すことにした。

ところがまさに「案ずるよりは生むがやすし」である。伊甫は麻雀牌を手にして驚いた。実に気分爽快なのである。つまりゴルフで頭を空っぽにして運動する。その後で麻雀で頭を使う。この心身のバランスが、実に絶妙なのである。この組み合わせが素晴らしいことは、精神衛生の向上につながり、この世のうさを晴らすのにとても有効だと確信した。

職場ではもう一つの活動があった。それはお見合いのお手伝いである。ここには品田幸三郎さんという、その筋のベテランがいらした。品田さんは伊甫を神戸から本社へ転勤させていただいた大恩人である。伊甫は品田先輩のお手伝いをさせていただいて、いろいろな人生相談の窓口になった。時には午前中に帝国ホテル、午後にパレスホテルと、なんとお見合い立会いのダブルヘッダーなんてこともあった。たまにではあるが、実を結ぶことがあった。とにかく伊甫の職場は活気に満ちていた。

コントラクトブリッジの活動

伊甫は本社に転勤して間もなく、隣のビルの地下一階にあるMグループの溜まり場を訪れてみた。するとコントラクトブリッジをプレーするのに最適のテーブルがあって、そこで四人がプレーを楽しんでいた。その中に年配ではあるが、無心にカードを見つめている人物が眼に止まった。それが伊甫のブリッジの師となる、磯部裕さんだった。驚いたことに、磯部さんは間もなく同じ職場に転籍されてきたのである。

磯部さんはブリッジに熟達され、後進の指導育成に注力されていた。基本手筋も熟知されていた。本社にはブリッジ部があった。伊甫は将棋と双方へ入部した。ここでまた新しい人脈が得られた。おっと、伊甫は山梨県人ということで、山岳部にも名前を連ねていた。だから私生活は超多忙であった。それだけに公私に充実感があった。

本社はブリッジ人口が多く、昼休みにはあちこちでプレーされていた。しかし伊甫は昼休みは仮眠をとる主義で、クラブ活動は会社が終わった後と決めていた。伊甫は日本コントラクトブリッジ連盟（JCBL）に引続き加盟していた。時折仲間と大会に顔を出した。大会は年次の大きなものからウィークリーの小さなものまで、いろいろと存在していた。これらの大会を通じて、またまた新しい知り合いを増やしていった。

ブリッジはなんとなく楽しんでいたが月日は経っていった。そして昭和六〇年になった。伊甫は磯部先輩と組んで、ブリッジの社会人選手権（NCR杯）関東予選に出場することになった。「チームオブフォア」という、四人制の団体戦である。後の二人は磯部先輩の知り合いの、沢井さんと角田さんだった。角田さんは学生時代も大学リーグ等で活躍されたそうで、M社のベストメンバーが揃った感じだった。

初日の予選は一六チームまで通過という、ぎりぎりの成績でどうにか通過した。翌週はベスト一六のトーナメントで、午前と午後に一試合ずつ、二日を要して代表が決まるものだった。一回戦は着実に勝利した。そして準々決勝は、名だたる強敵のF電機社だった。磯部・伊甫ペアは前半に手はついてなかったが、相手の冒険を悉く打破できた。別のテーブルでは全く逆で、味方が打破されていた。

沢井・角田ペアは相当失点したものと、諦めムードだった。しかし僅差でチームのリードが確認された。そこでチームは急に明るい燃えるチームに変身した。みながそれぞれ「これはいける」と感じて、パートナーを信頼するようになった。後半は別のペアとの対戦である。しかし我がチームは相互信頼が厚くなり、一方的にリードして試合を終えた。そして翌日の準決勝と決勝も調子の波に乗って、ついに関東代表となった。磯部先輩は「準々決勝のF電機社との前半戦が全てだった」と振り返った。

全国決勝は関東・中部・関西の代表によって争われた。しかし関東は質も量も他地区を圧倒していた。だから普通にしていれば、勝利は自明であった。予想通り我ら関東代表が優勝した。ついに伊甫は、コントラクトブリッジの社会人の頂点に立ったのである。

伊甫は将棋とトランプで、日本一を経験した。室内遊技の二種目で全国制覇なんて聞いたことがない。ひょっとして自分だけ？　と、伊甫は楽しい空想に耽った。将棋では羽生プロが、日本将棋・西洋将棋・中国将棋と、いくつかの日本一になられているが、将棋と全く異種ということになると、まずそんな人物は見当たらないのである。

伊甫は盆に恒例で、一家で帰省した。そして「烏賊のおじさん」にトランプの全国優勝を報告した。小清水さんは大喜びだった。話ははずんで二人で心からの祝杯をあげた。小清水さんはいう。「自分はただ遊びのルールを教えてやっただけだ。あとはご本人の運と努力だ」

この快挙を小清水さんの奥様も手放しで喜んでくださった。なにより昔のご恩を忘れずにいたことを感激しておられた様子だった。伊甫は幼少からの蓄積に、一応の区切りをつけることができた。

なお伊甫と惠子は忍が独立をした後も含め、山梨へ引退するまで毎年盆と正月には帰省した。惠子は「長男の嫁」としての自覚が強く、懸命に米長家を支えてくれた。

山岳部の活動

M社はそのグループを含めて、山岳部を構成していた。主体は若い男女で約半々、総勢一〇〇人を超えるという、大所帯だった。そして一部のエキスパートを除き、みな日帰りのハイキングが中心であった。年度はじめに年間スケジュールが発表された。どんなところへ、いつ、誰が幹事かが明確にされた。それぞれ日帰り登山の小さな計画が主であるが、毎月二件も三件も提案されていた。

伊甫は出張が多かったが、時には本社勤めもあった。そんなとき山岳部の日帰りコースには機会あるごとに参加した。場所は奥多摩山系が主体で、時々丹沢方面に足を伸ばした。奥多摩には千メートルちょっとの山がごろごろしていて、ハイキングコースは非常に多岐にわたっていた。

例えば大岳山コースの場合、そこから更に鋸山を経て奥多摩駅まで縦走することができる。反対側にコースをとると馬頭刈尾根コースとなる。ここも途中で鍾乳洞に下りるコースや滝のあるところに途中下山するコースなどがある。また日出山にも立ち寄れるし、この近辺だけでも一〇種類くらいのコースが存在するのである。

実は我が家もハイキングが家族の絆となっていた。荻窪社宅のときは奥多摩にも近いし、機会ある毎に出掛けていた。忍はいやがった。小学生の頃はそれでも強制連行できたが、さすがに中学生になると、拒否された。しかし一家で家族ハイキングというのは珍しく、女子山岳部員の憧れの的だったようだ。

冬に雪が降るときまって大岳山から馬頭刈尾根のルートをとった。忍は雪に大喜びだった。

ある時山岳部内で誰言うとなく、「オールナイトハイク」をやろうということになった。それは朝出発し、夕方になっても下山せず翌朝まで夜通し歩き続けようというものである。そしてなんとこの伊甫が幹事だというのである。伊甫は遠出こそしないが、奥多摩山系に限れば、スペシャリストと評価されていた。事実伊甫の頭の中には周辺のハイキング道は、すっぽり織り込まれていた。伊甫は幹事を引受けた。

それは夜が寒くならない夏のある日のことだった。参加者は約二〇人、そのうち半数は若い女子部員だった。伊甫の家族は参加しなかった。一行はまず御前山を目指した。標高一四〇〇メートル強で、奥多摩湖の西方にある代表的な山である。山頂に着くともう午後一時を過ぎていた。山頂でゆっくり昼食をとり、休憩した。そこから月夜見峠に向う下山道で日が暮れた。みな日が沈む瞬間を写真に収めた。

夜になったが雲は一点なく、満天の星空だった。まさに「銀河のシャンデリア」であった。またお月さんも照って、文字通りの「月夜見峠」だった。女子のみなさんはすっかり感動したようだ。そこから最高峰の三頭山へ登り、それから生藤山を経由して、中央線上野原駅に着いた。生藤山の辺りで夜が明けた。ご来光も素晴らしかった。夜のハイクは温度が低いせいもあってか、日中よりも歩き易く疲れなかった。何の事故もトラブルもなく、みな活き活きとして、帰路についた。伊甫は麻雀ならともかく、まさかハイキングで徹夜を経験しようとは、全く想定外のできごとであった。

家族のだんらん

伊甫はねんがら年中ではないが、出張の多い日々を送っていた。会社の景気は変動していたが、景気のいい時にはグリーン券が支給された。伊甫はこれで競馬の軍資金が捻出できると、ほくそえんでいた。

ところが思わぬ展開になってしまった。なんと惠子が忍を連れて、出張先へ押しかけてきたのである。勿論忍には学校があるから、それは長期休日がある期間に限られてはいた。それは長崎であり、下関であり、広島・神戸・京都・名古屋と、M社の各地へ満遍なくであった。

幸いM社には全事業所に保養所が設けられていた。そこは社員なら誰でも、市価からいえばただみたいに安い費用で利用できるのである。長崎では「雲仙荘」のお世話になった。雲仙の温泉地獄は、伊甫と惠子の思い出の新婚旅行の地である。当時の思い出を胸に、親子三人で雲仙岳に登った。そして普賢・妙見・国見の三山を踏破した。また下山すると、地獄巡りもやった。忍は地下から蒸気が噴出してくる「地獄」の情景に大喜びだった。

下関では「湯田荘」だ。ここから秋芳洞を訪れた。そこは伊甫が予想したよりもはるかにスケールの大きな地形であった。忍があまり喜ぶので二度潜ることにした。またそれだけの価値があり、伊甫は「時間が止まって欲しい」と感激一杯であった。洞窟の先にも、白い石灰石が点在する幻想的な高原がひろがっていた。

広島では宮島だ。忍の小学校の国語のテキストに「ぼくはいま宮島にきています」という一節があった。忍は担任の先生に観光ハガキを出し「ぼくはいま…」と同じ文句の便りを差上げた。また広島は山側には三段峡がある。ここは片道三時間の渓流コースであるが、往復で完全踏破した。よどみない渓流に接して、心身が洗い流される気分だった。

京都には「加茂川荘」がある。惠子はお寺が好き、しかし伊甫の狙いは保津川の舟下りである。お寺参りの場合、惠子は特別料金を支払って奥のご本尊を拝みにゆくが、伊甫は全く興味が無く、その間は忍と庭や池を眺めることにしている。また保津川くだりは、忍が大喜びだった。

名古屋でも「木曽川荘」のお世話になり、木曽川舟下りを堪能した。伊甫は舟下りが大好きだった。首都圏では、海の家を利用した。伊甫は社内コンサル稼業で全社狭しと飛び回ったが、出張旅費で稼いでも稼いでも、惠子と忍という金喰い虫に犯されて、競馬の軍資金になかなか辿り付けなかった。でもこれらのことは家族全員の貴重な人生体験になった。

首都圏のハイキングでも家族でやるべきことはやってのけた。その代表例が奥秩父全山縦走である。出発は首都側は雲取山、山梨側は金峰山である。ゆっくりなら一週間を要する、相当な山行である。計画は伊甫と惠子がしっかり協議した。時期は夏休みである。第一回は雲取山から中間地点の雁峠までとした。これを無事二泊三日でやり遂げた。山小屋では朝食をとらずに早朝出発し、途中の登山道の脇で食事にするという方式だった。翌年は増富温泉を起点に、途中大日小屋で一泊し、それから金峰山から雁坂峠と踏破して雁峠に辿りついた。やはり二泊三日だった。ということで、二年越しに大願成就である。またこれは家族ハイキングの卒業証書でもあった。

伊甫は米長家の長男である。だから四〇〇年余り続いている家系を守ることが、絶対の義務感であった。そのため正月・三月・お盆には家族共々きちんと帰省していた。また万一のことを考え、伊甫と忍とは同じ航空機には乗るのを避けていた。伊甫の本社転勤は、家族にも不思議なインパクトを与えることになった。

品質管理との出会い

ＶＥにはいろんな改善策を発想してまず現状を打破することが求められる。次にその案が実行可能かまた経営の役に立つかをチェックするプロセスがある。それを「検証」という。勿論ＶＥ手法にはこのステップも織り込まれている。しかしその検証を主体に考えると、そこにはＶＥの中の検証では済まされない、広い分野が開かれていたのである。伊甫はある日突然その品質管理（ＱＣ）のグループに移籍を命ぜられた。

品質管理の日本総本山は「日本科学技術連盟（日科技連）」である。その関連機構に「日本品質管理学会」がある。伊甫は間もなくこの学会の会員となり、特に秋田高専の教官となったとき、大変お世話になることになった。とにかく伊甫は新しい技術の修得に取組まなければならなくなった。それは自分だけのものではない。各事業所の錚々たるつわ者を、教育指導しなければならないのである。

しかしこんなとき、ＶＥの経験は非常にプラスになった。民間企業である以上は改善の発想に特技を持つことは、心強い味方である。ＶＥとＱＣの双方に知識を有することは、誰もが求める技術屋の「あるべき姿」なのである。伊甫は良識ある事業所の技術者たちから歓迎された。

伊甫はある時「新ＱＣ七つ道具＝Ｎ７」研究会の幹事役を仰せつかった。全事業所から１人ずつ委員に任命され、一ヶ月に一度ずつ各事業所持回りで研究会を開催した。一年後に手引書を完成させ、それをテキストとして各事業所に普及させるのが、最終目的である。事業所内での普及はその委員の任務であるが、本社に支援が求められれば伊甫の出番となる。Ｎ７は伊甫の特技の一つとなった。

Ｎ７は当然七つの手法から成り立っている。そのうちの一つに「ＰＤＰＣ法」というものがある。この詳細説明は割愛するが、要するに近未来の事象を先手で把握し、その流れ図を作成する。するとある事象、例えば会社経営がどうすれば成功し、どんな場合不具合になるかを事前にキャッチできるのである。

つまり伊甫は個人でも会社でも国家でも、不幸になりそうな危険度を人より先に嗅ぎ付ける手法の専門家だということになる。昨今民主政権は大変な状態に追い込まれているが、どうすれば逆転ホーマーが実現するか、論理的に施策が提案できるという寸法だ。ただ実際には政権はいくら伊甫が新案を提示しても、思ったほど実行力がないので、本書では立腹のあまり、後編で「熱血政治家・米満伊甫」を登場させることになるのである。

ある時期社内では製品に不具合が発生する事故があちらこちらで発生した。一方では主顧客の電力会社が全社全員でQC活動に打ち込み、その合否を認定するという「デミング賞」に挑戦していた。M社では神戸事業所が単独にデミング賞を獲得していた。しかしM社トップは、社としてはデミング賞には挑戦しないことにした。そのかわり全従業員が参加するという「全社全製品信頼性向上運動」を展開することとした。

当時M社は不良品の頻発に悩まされていた。そんな場合それをゼロにしようとするZD運動（後述）が浮かぶものである。しかしM社のトップは、その先のお客様の信頼を損なうことを、最懸案事項と考えたのである。それを全社員の一致協力で遂行しようと案画されたのである。

当然その全社推進事務局は我が部である。そしてなんと伊甫が事務局員の一人に選ばれた。勿論事務局長は名川部長である。社内では対象を「製品」とするか「商品」とするかが、まず議論された。またハードだけでなく、社員の仕事の質、つまりソフトも含めるかどうか議論の対象になった。

それはさておき運動の名称であるが、お客様の信頼性、つまり「リライアビリティ」を「アップ」するということで「R－up＝ラップ活動」と命名された。伊甫は本社勤めと同時に各事業所へも、状況把握や論理的な相談等で飛び回った。設計や製造に関わる技術者も、営業マンと同等にお客様を意識する必要があると、まずこの点でずぼらだった伊甫自身の人間改造からはじまった。

信頼性一〇〇点満点ということは、ミスがゼロということである。つまりゼロ・ディフェクト＝ZDとなる。この逆の立場ZDは論理に限っては、極めて理解し易い。ZDはアメリカのクロスビーさんが創案者で、日本国内でも導入している企業が多い。

後刻になるが米満伊甫はこの時の経験を思い出し、いじめも自殺もオレオレ詐欺も、国民全員の総力でなにもかもゼロを目指そうという、全国規模の大活動を目論むことになるのである。

この頃伊甫の古巣の神戸事業所では「全員参加のVE活動」を展開することになった。そして伊甫が特別アドバイザーに指名され、時折神戸に呼ばれることになった。神戸の仲間は伊甫の変貌ぶりに驚くと同時に、心から祝福してくれた。時間にゆとりがあれば、恵子も「有馬山荘」を狙っていた。

N7手法の一つに「主成分分析」がある。この手法を身につけると、どんな分野でもその道の専門家以上に、鋭い考察が可能となる。名古屋事業所の製品にこれを適用したところ、製品は業界でも抜群に優秀であることが浮き彫りにされた。だから暫くは新製品への移行は控え、現製品の販売一点に絞る方が得策だと提案し、事業所長から「今晩めしを食おう」と、一対一でご馳走になったことがある。でもN7活用の本番は伊甫が秋田高専の教官になってからで、国家公務員というフリーな立場を利用して、なんと野球や将棋で大暴れするのである。

ともかくVEとQCを二本立てでこなす技術者は、そうざらに存在するものではない。伊甫が双方にあるレベルの造詣を深めたことは、大変貴重なことだった。

高砂へそして秋田へ

伊甫の職場では、高砂事業所にも出張所を設けていた。伊甫はそこへ転勤することになった。この頃になると、我が部の創設を立案されたトップが第一線を退かれ、あちらこちらから、風当たりが強くなっていた。伊甫たちも同じ社員でありながら「先生・先生」ともてはやされ、少しいい気になり過ぎていたようだ。しかし一方では、これまでの活動を素直に認めて「これからも頑張れ」と応援してくれる知人もいた。

高砂は神戸より一〇〇キロほど西にある。瀬戸内海の玄関口で、神戸より一段と温暖であった。社宅は借り上げのマンション八階で見晴らしがよく、足元には市場があるという理想的な住まいであった。この年忍は高校生から大学生となったため、東京の自宅で一人暮らしとなった。お陰で転勤に重大な支障は無く、高砂は惠子との二人暮しとなった。仕事の中身は東京時代とほぼ同様であった。

社宅の近くを加古川が流れていた。夕刻になると、時折惠子と岸の土手を散歩した。伊甫は休日になると神戸市元町の場外馬券売場に出掛けた。惠子は車の運転免許を取得し、一人でドライブした。行く先はお城やお寺などの観光巡りであった。惠子の運転免許取得は、今後の秋田や山梨での生活に無限のプラスを与えることになった。新しい職場では麻雀はなかった。その代わりカラオケが盛んで、近くのスナックへ集団で押しかけていた。

高砂生活が一年終わった頃、伊甫は突然東京本社に呼び出された。なんと秋田高専へ翌年四月に転職せよとのことである。給料はかなり低くなった。しかし国家公務員になり、役職は教授で定年は六三歳だという。会社では管理職は五五歳定年で、三年ほど窓際に居てちょんになる。だから定年六三歳というのは有難い話である。

実は年配の社員を大学教授として送り込むことは、大手各社にとって名誉なことであり、各社はその人数を競争していたのである。伊甫はその競争とやらに巻き込まれたのだ。しかし会社は伊甫に対して、手厚い待遇を提示してくれた。

伊甫はその時五一歳だったが、管理職の定年である五五歳時点での退職金が支給されるというのだ。また一度だけであるが、転職後も夏のボーナスをサービスしてくれるという。更に二八万円が支給され、定年旅行も許される。これはちょっと過剰サービスではないか。でもとても手厚い再就職支援だった。おまけに円満退職だから、会社には自由に出入りしていいというのだ。

伊甫は「一日だけ返事を待ってください」といった。部長は名川さんからT部長に替わっていた。T部長は「こんな有難い話を何故躊躇するのか」とどなり声をあげた。伊甫は大学恩師を訪れた。恩師は幸い大学にいらっしゃったが、「君のやっていることは詐欺師だ。至急まじめな職業に戻れ」とおっしゃった。それはまさに急所のお言葉であった。

伊甫ならず全ての仲間は高額の出張旅費をいただく以上は、少し背伸びして「こんなコストダウンをやってきました」「こんな品質改良をやりました」との報告書を提出している。しかしほんとに最終結論として役に立ったのかと責められると、ちょっと自信がないのである。恩師はここのところを鋭くご指摘くださったのである。伊甫はこれをいい機会だと考え、翌日会社に対し転職にはっきり同意を申し出た。

秋田高専での担当分野は「構造力学」だという。神戸を離れて一〇余年になる。力学なんてすっかり忘れていたのである。どうしたらよいか困っていると同期の桜が神戸の部長をしていて、「半年ほど仕事を手伝ってくれ」というのである。これはカモフラージュで、この間しっかり準備のための勉強をせよとの、暖かい友情であった。ここで高校数学をしっかり復習した。なにしろ計算といえば、麻雀の損得とか、会社が赤字か黒字かというくらいで長年過ごしてきた。だからいきなり先生をやれといわれても大変なのである。この半年の準備期間は実に貴重であった。

翌一月には秋田高専へ面接に出掛けた。すると校長が「本学は昭和五三年に高校将棋団体戦で全国優勝している。そっちの指導も頼む」とおっしゃられた。伊甫はなぜ自分の職場は行く先々で麻雀や将棋が盛んなのだろうと、不思議に感じていた。面接は無事合格した。そして伊甫は二九年間お世話になったM社を後にした。

未練はただ一つ。あと一年で勤続三〇年の高級腕時計がいただけるのである。でもなんだか心は秋田に大きく傾いていた。都合のよいことに忍は社会人となり、四月から会社の独身寮に入ることになった。だから恵子ははじめから秋田についてきた。親子三人新しいスタートである。

九、秋田高専時代

新しい職場

学校は四月一〇日頃まで春季休業だった。伊甫と恵子はそれを利用して四国に数日間の旅行に出掛けた。足摺岬や四万十川、はりまや橋をはじめ各所を訪れた。コースは恵子が設定した。帰路に大歩危小歩危の景勝を列車から眺めた。帰路の途中、M社の仲間が瀬戸大橋の建設現場を案内してくれた。それは同僚としてではなく、「高専の先生」としてのものだった。

秋田には四月初旬に東北新幹線で赴任した。盛岡~秋田はまだ在来線だった。途中右手に大きな山が見えて、まだ雪が残っていた。伊甫も恵子もそれをてっきり八甲田山だと思ったが、実は岩手山だった。高砂から秋田までは二人分の片道旅費、引越し代、乗用車輸送費が支給された。

秋田では学校の近くに官舎が二〇軒くらいあり、その一つをあてがわれた。畳二間と台所、風呂、トイレがついていた。まるでお化けが出そうなおんぼろ屋敷ではあったが、なにしろ家賃二千円だから、有難かった。二人はさっそく辺りを散歩し、スーパーや床屋などの場所を確認した。そしてなにより学校の中を歩き回った。

伊甫は教官室を一室いただいた。身分は教授だったが教官なら誰でもほぼ同じ広さの個室であった。

みなそれを「研究室」と呼んでいた。研究室は相当広く、東大の研究室とあまり差はなかった。ここへ学生数名を受入れ、卒業研究の指導をするとのことであった。学生は四〇人、教官は一〇人であるから、平均すると四人を引受けなければならないが、伊甫は初年度は二人の指導でおまけしていただいた。M社での半年間の準備は、秋田でのスタートダッシュに大いに役立った。

職場には各学科ごとに準備室という事務室があった。教官有志は毎朝ここに集まりコーヒーを飲むのが慣わしであった。学校には食堂はあるが喫茶店や売店はなかった。コーヒーは凝っていた。やかんでお湯を沸かし、コーヒー豆を潰し、紙でこしとってカップに注ぐのである。ほとんどがブラックだったが、コーヒーはとても美味しかった。そしてみなの雑談の中から、いろいろ学校や世間のことを情報収集していった。

授業とは自分の得意分野の知識を学生に伝授することである。その点伊甫はM社で手法の教育等の経験があり、講義はお手のものだった。だから授業に対する拒絶反応は全くなかった。また秀才がいて質問でやりこめられることを心配していたが、学校創設以来そんな事象は皆無とのことであった。

学校の近くの街には、悪の教官連中の溜まり場があった。それはスナック「ピットイン」である。そこに集まる教官の皆さんには、それぞれに個性があった。伊甫は夜一二時には帰宅した。A先生は午前二時まで粘るのだった。そしてS先生は午前五時まで頑張り、帰宅して朝風呂を浴びて酒気を取り除き、九時の授業に顔を出すという、超人がいらした。またこれらの仲間ではないが、繁華街「川反」の王者もいた。伊甫は麻雀やゴルフではなく、まず「酒とカラオケ」から、何人かの風流な教官と顔見知りになっていった。

M社の定年旅行

初年度の夏季休業を利用して、M社から頂戴した二八万円を原資として、恵子と北海道へ定年旅行にゆくことになった。通常は五五歳定年の直前にするものであるが、伊甫の場合は例外中の例外であった。旅行社は近畿ツーリストの「大地の緑」六日間コースを選んだ。伊甫と恵子は北海道を本格的に旅行するのは、初めてのことであった。ここでもM社の心遣いに感謝した。

最初の宿泊地は層雲峡であった。ホテルには大きな混浴風呂が設けてあった。伊甫はさっそく恵子を伴って入浴にでかけた。風呂の前では湯上りの女子大生らしいグループとすれ違った。伊甫は心をわくわくさせながら浴槽に向った。ところが風呂にいるのはおばあちゃんばっかりだった。少しましな女性がいると思って近づいてみると、それは恵子だった。

伊甫は失望して風呂をあとにした。すると廊下で若いOLらしい女性のグループが風呂にゆくのに出会った。伊甫は「もう一度入りなおしだ」と叫んだが、恵子に止められた。少しちぐはぐだったが、なんとなく新しい人生の門出を祝福されているように感じた。

翌日は摩周湖だった。しかし「霧の摩周湖」の名にたがわず、あたりは霧一面で何も見えなかった。これも一つの経験である。あとはどう周遊したか記憶が定かでないが、網走ではすごく低温だったように記憶している。最後は札幌に戻り、ここで首都圏組と別れた。伊甫と恵子はそのあと定山渓に一泊した。そして空路秋田に戻った。北海道の雄大な自然風景は、二人の新しい航路を大いに勇気付けるものだった。

旅行に領収書は必要なかった。だから費用を節約しようと思えばそれは自由であった。しかし二人はせっかくのチャンスであるから、むしろ若干赤字で旅行を終えた。そして高砂事業所の人事課にあてて、簡単な感想文を送った。この旅行はすごく感じがよかった。そのためこれからの旅行も時折近畿ツーリスト社を利用させていただくことにした。

伊甫はまた余暇を利用して、M社東京本社の元の職場を訪れた。教官の旅費予算は教授職でも一〇万円に満たなかった。これでは一回学会に行けば終わりである。公務員は失職することはないが、いままで自由に出張してきた伊甫にとって、とても窮屈であった。ただ、旅費は各教官の意思で、どんな用件にも自由に使うことができた。

元の職場は大半が高砂に移管されていて、こじんまりしたものだった。女子社員の一人が話しかけてきた。なんでも伊甫がいなくなって、はじめて伊甫の価値が分ったのだという。伊甫は麻雀で夜更かししたり、職場で競馬の話を大声でしたり、お見合いのことで女子社員にまといついたりもした。女子社員はこんな不真面目な社員がいなくなれば、職場はうんとよくなると思っていた、でも実際には職場から活気が消え死んだように静かになってしまったのだという。

職場は発案者のM社トップの引退と前後して、解散することになった。伊甫にとっての「第二の夢の職場」は消えることになったのである。それから一〇年以上が経った頃のことであるが、社内ではもう一度あの時のような全社推進母体が欲しいという声が囁かれているようだった。

職場はたしかに淋しくなっていた。しかし会社としては、逆に好況に沸いていた。もう数年でバブルとなる時期のことである。元同僚に尋ねてみると、「円高景気」だという。その言葉を聞いて、伊甫は怒り心頭に発した。自分は退職のとき同僚から「間もなく一ドル二〇〇円から一五〇円になる。そしたら輸出産業の我が社は倒産だ。お前だけは国家公務員だから生き残れる」と、羨ましがられたものである。これでは羨む方が逆ではないか。

これはというM社内外の知人に「円高景気とはなにか」聞きかじったが、誰からも満足な答えは得られなかった。また自分でもいくら考えても、そのからくりは突き止めることができなかった。さてさて、日本はしばらく超円高に苦しんだ時期があった。当時と今とどう違うのか、真剣に比較検討してみることが必要ではないだろうか。

将棋部の立て直し

秋田高専はたしかに昭和五三年に高校将棋団体戦で全国優勝している。そして伊甫が赴任する前年にも団体は県代表になり、全国ベスト四まで頑張ったという。ところが主力の選手が、「三年生を修了したら、もう楽しみがなくなった」と、さっさと退学してしまったというのだ。伊甫は地団太踏んでくやしがった。自分がいれば大学大会であと二年頑張れたものをと、それがちょっとしたタイミングで残念な結果となってしまったのだ。

残された二人以外に部員はいなくなってしまった。伊甫は学生に将棋を指導する以前の問題として、部員の勧誘から出発しなければならなかった。こんな時鈴木勝裕という学生が、ひょっこり入学してくれた。同世代では県下ナンバーワンの指し手である。すると「類は友を呼ぶ」というが、将棋の好きな学生が続々と集まってきた。将棋部の再生は軌道に乗ってきた。

また成績がぎりぎりの学生も「なんとか助けてください」と言わんばかりに、伊甫の研究室を訪れてきた。伊甫はできる範囲で勉学の面倒もみてあげた。研究室は相当広く、卒業研究生用に大きなテーブルがあった。それを利用して卒研以外の時間帯は将棋道場となった。昼休みも重要な指導時間である。研究室は千客万来で賑わった。

伊甫と鈴木君が指導するものだから、部員はメキメキ強くなっていった。隣の研究室から「将棋のパチパチする音が耳障りで、研究できない」という卒研学生の苦情が届いた。伊甫はその学生に反論した。「君たちはいずれ騒々しい建設現場で働かなくてはならない。これしきの騒音が気になるとはなにごとか」でもそれからは部員に、あまり勢いよく指さないよう指導した。

伊甫が赴任してから何年かして、高校団体戦で本校が県代表になった。会場は広島だった。部員は沸き立っていた。ところが大問題が発生した。全国大会は一八歳以下に限るとのことである。

選手三人のうち二人が中学留年のため、一九歳だったのである。伊甫は日本将棋連盟に何度となく陳情した。しかし規則を変えることはできなかった。伊甫は秋田県高校事務局に事情を説明した。そして辞退を申し入れた。しかし県の関係者は、代理選出ということで処理せよとのことだった。そこでメンバーは相当落ちたが、とにかく自分の教え子三人を伴って、校費で広島に遠征することになった。

伊甫が新幹線で神戸を通過している時、そこでは同期の桜が懇親会を催していた。しかし伊甫は未成年の付添であるから、途中下車は許されなかった。大会では予選一回戦の敗退となった。とはいえその翌年から、一八歳という年齢制限は廃止された。秋田高専が全国のルールを改訂させたと解釈することができる。

全国大会に参加できなかった二人の落胆は慰めようがなかった。ところが幸いそのころ「ジュニア選手権」という小中高生を対象とした将棋大会が計画されていた。五人制の団体戦である。府県ではなく東北地方全体の予選が仙台の東北大学で開催された。伊甫はこれに飛びついた。とにかく二人の部員に少しでも力になることをしてやりたかったのである。

交通は恵子ともう一人の教官の車二台で往復した。宿泊は東北大学の畳の大広間にごろ寝である。宿泊費は無料であった。大会参加のため各地から数十名が集まっていた。恵子が寝ようとすると大学関係者が「ここは女性禁止です」と注意した。すると恵子は「私はもう女ではありません」と答えた。それどころか恵子は、男子を追い出して風呂に入るありさまであった。大会は鈴木が勝っただけで他の選手は全敗し、会場を後にした。伊甫は将棋部に光りが差し込むのを感じていた。

学科改組

伊甫が赴任した翌年度で二人の大先輩が定年退官となった。すると伊甫が学科で最年長となり、学科主任を仰せつかった。ここではじめて「主任教授」というもっともらしい肩書きを手にした。当時高専は全国的に学科改組の風潮にあった。例えば土木工学科は建築の要素も取り入れて「都市工学科」を指向していた。また化学工学科はバイオを含みに「物質工学科」を、電気工学科は電子と情報ソフトを組み込んで「電子情報工学科」といった具合である。

伊甫の所属する土木工学科は業界に公共工事が恵まれ、不況に強いのが利点であった。だから下手に改造してこれまでの特権を喪失したくないという、根強い反論があった。しかし一方で秋田県下には確固たる建築の学校が少なく、それを切望する生徒が多いことも事実である。また「環境」というキーワードが世間に浸透している時でもあった。

学科では一〇人の教官のみなさんが熱論を交わし、最後は校長のご判断で新しい学科の名前は「環境都市工学科」でいこうということになった。とにかく現状を打破し、新しいものにチエンジするというのは、伊甫がM社時代に体験したコンサル稼業そのものである。だからこの改革運動には、スムースに順応できた。

この改組案はほぼ原案どおりに文部省から認可された。全国各高専の土木工学科から似たような改革案が提出され、認可された。もっとも中間の検討過程で各高専は情報交換しているから、そんなに突出した案の学校はなかったようだ。

校長は現状重視のお方だった。さっそく建築の教官を募集することになった。各高専はまず名称をチェンジしたが、その直後から具体的な採用に動く学校は珍しかった。主任教授の伊甫はお門違いの分野で人探しという、ちょっと厄介な問題を引受けることになった。

人選は学科でも協議された。一番簡単なのは大学全般から公募することである。しかし校長は伊甫と同じように、「民間から教授職で」を条件として提示された。これがなかなかの難題だった。当時はまだバブル前のことで、民間は好況だった。それに首都圏ならともかく、遠路秋田までというと、なかなか希望者はいなかった。

伊甫は校長にも突付かれ、涙ぐましい努力を続けた結果、某企業から希望者を探し出すことができた。当時大企業のほとんどが管理職は五五歳定年で、その後窓際で三年ほどお世話になるか、子会社出向というのが、お決まりのコースだった。この段階だと定年六三歳の高専は、再就職としては悪くないのである。該当者は関西方面だった。

学校には少ない旅費予算である。一番安価なルートとして、羽越本線の特急で一〇時間を要して秋田～大阪を往復した。こちらの熱意が通じたのか、先方には立候補していただいた。校長の面接もクリアできた。伊甫は一応責任が全とうできて、胸をなでおろした。

しかしこの苦労を忘れた頃に、思わぬ不幸がやってきた。なんとその年の暮れに建築の先生が急病で命を落としてしまったのだ。伊甫は授業の補欠の手当てや、新規の教官募集やらで、前にもまして諸務に追われていった。それより痛かったのは、周囲からの責任論だった。こんな事態になったのは、なにもかも伊甫の責任なのである。学校では至急に全国の大学助教授のなかから希望者を募集し、後任を任命した。

伊甫は間もなく主任を辞任した。高専には「主任」の他に「主事」とか「図書館長」といったお役があるが、伊甫はこれらの役職には見向きもせず、学生の将棋教育に専念した。そしてこれは大正解だった。

バブルの優等生

既述のとおり日本の企業は「円高景気」に沸いていた。誰に聞いてもなぜ好景気なのか、すっきりと説明できる者はいなかった。就職は完全な売り手市場で、求人のため企業の採用担当者は続々と学校を訪問してきた。伊甫はM社の競争相手の会社に丁重に対応した。M社とはいえ、採用は一人だけである。

他の学生はM社以外にお世話になるのである。それにこんな好況が長く続くとは思っていなかった。

伊甫の大学時代同級生のS君は求人を名目に、秋田へ遊びにきてくれた。そしてゴルフを楽しんだ。またF君もやってきた。F君とは秋田の繁華街「川反」で食事し、そのあとスナックに入った。伊甫はF君に秋田美人と踊ってもらい、自分は歌を歌った。するとF君は「おい、歌を止めろ」と言い出した。つまり伊甫の歌がピントはずれで、調子がくるって踊れないというのである。

伊甫はたしかに歌がからきしだった。しかしその後数年の努力の結果、いまでは逆にカラオケの有段者になっている。上達の秘訣は「練習あるのみ」である。

伊甫が教職に転進し、遠く秋田に赴任してから数年のことである。世の中にバブルが発生した。これまで高騰を続けてきた賃金や不動産が、突如パンクしてしまったのだ。では伊甫の有する不動産はどうなったのか。

伊甫はその二〜三年ほど前のことであるが、宝塚の土地を処分しようとした。しかし信用できるM社時代の同僚から「しばらく待て」と言われて、思いとどまったことがある。土地はその頃から五〇％以上も値上がりしていた。これからも上昇するだろう。しかし一方では「腹八分」という言葉がある。伊甫は直感も手伝って、土地を手放す決心をした。恵子とも十分検討した結果だった。

土地代は買値を一〇倍以上超えていた。東京のマンションも処分した。築一〇年だというのに、買値より高く売れた。伊甫はこの時土地の買替えはしなかった。また株にもほんの少し手を出しただけだった。その大半を貯金した。当時は引続き年七％という高い利息がついた。伊甫はバブルの優等生となった。

それを可能にした立役者が、実は家賃二千円のおんぼろ官舎だった。もしこれがなければ、折角高い値段で売ることができても、新しい自分の住いを高い値段で買わなければならないのだ。だから官舎が存在したことは、学校になんと感謝してよいかわからないのである。

バブルの後は学生に対する求人情勢が一変した。しかし伊甫の学科は公共事業のお陰で小康状態であった。伊甫は今こそ民間企業出身者として、全力を尽くして学生の就職を支援した。学科が「土木」から「環境都市」に替わったことは、時流に乗っていたようだった。

恵子とのドライブ

伊甫は赴任して半年は、ちょくちょく秋田市立図書館へ通った。教官としては未熟で、自分の担当科目に関して知識の整理がしたかったのである。場所は学校の自室でもよかった。しかし市立図書館だと、受験生が真剣に勉強している。その中に身を没すれば、自分も勉強せざるをえない状況に追い込まれる、という寸法である。

恵子は高砂時代から少しずつ、車の運転に慣れていた。そして秋田ではそれが生活必需品となっていった。恵子はすぐに運転に熟達し、伊甫をどこにでも運んでくれた。はじめての行楽は、角館町郊外の水芭蕉群生地だった。四月上旬である。素朴で清楚な感じを受けた。そこで野生の山菜をあれこれと買い求めた。特に野生のわさびは最高だった。

四月下旬になると桜の季節である。二人はまず角館町を訪れた。武家屋敷周辺と川原の土手の桜の景観は、超一流であった。そこから北上すると、弘前城の桜である。その規模といい樹齢といい、まさに国内ナンバーワンだと確信した。桜は年によって咲く時期が微妙に違う。それを毎年最適の時期に自由に訪問できるのは、なんといっても強みである。

弘前では桜を、昼と夕方それから翌早朝と三回堪能した。それを一〇年続けた。景勝地の周辺は、旅館が超満員である。しかし車と土地感がある。恵子は巧みに車を操って、少し離れた温泉地にゆき宿泊旅館をゲットした。恵子は噂や書物で近隣の桜の名所を探し出し、じゃんじゃん押しかけていった。例えば福島の「三春の滝桜」にまでも足を伸ばした。

伊甫と恵子は性格も趣味もことごとく違っていたが、旅行だけは共通の趣味だった。安宿に甘んじることも共通だ。それに伊甫は車に乗ることが大好きだった。奥入瀬渓谷は標的の代表格だった。そこは春夏秋冬それぞれ味わいがあった。二人は毎年四回、一二年間になんと四八回も同地を訪問している。

伊甫と恵子はまず秋田県内をドライブの対象とした。県内にはいろいろな景勝地があった。田沢湖にも出かけた。湖畔を一周するのは、とてもよい気持ちである。ここはクニマスが消滅したことで知られている。その元凶となった発電の水路もなごりを留めている。湖畔では一〇月には野生のきのこが売り出される。そのとき小柄で黒ずんだきのこが我々のお気に入りで、澄まし汁にして食べるのが年中行事になっていた。

鳥海山の山麓には、素晴らしい湿原が広がっており、その中央部にはこんこんと豊富な湧き水があり、俗に「熊の水呑場」と呼ばれていた。流域には天然のまりもが発見されている。男鹿も温泉や魚介類の宝庫である。秋田の天然牡蠣は広島のものとは逆で夏に収穫されている。秋田の方がやや大粒だ。岩に張り付いているので、「岩牡蠣」と呼ばれている。とりたての牡蠣を剥いてもらい、さっと口の中に含む感触はなんともいえないものがある。しかも値段はただみたいに安いのである。

二人はハイキングにも精を出した。特に白神山系には、田代岳をはじめ主峰の白神岳を除いて、目ぼしいところは踏破した。その他地元の太平山をはじめ、近隣では鳥海山・早池峰山・五葉山・七時雨山・姫神山等々に登った。山には必ず湧水があった。それをその場で飲んだり、水筒に汲んで帰宅後お茶やコーヒーを沸かして飲んだものである。

三陸地方をドライブしたときは、リヤス式海岸の半島のギザギザを、くまなく車で走破した。大きな半島だと半日はかかった。でも途中で野生の鹿に出会ったり、自生の草木を眺めたり、苦労は報われるものである。それに「旦那が漁師で奥さんが調理士」という民宿は最高だ。サカナ料理がどっさり出てくるのに、料金は格安なのである。ただこの度の震災で、こんな夢が消えてしまった。一日も早い再興を祈るのみである。

圧巻はなんと言っても山形のサクランボ狩であろう。早朝から朝食抜きで、しかも五時間かけて天童市のフルーツ街道へ出掛ける。すべて恵子の単独ドライブである。そして二時間二千円の食べ放題に潜り込むのである。恵子はこれはという木を見つけると、二時間下りてこないのである。これだけ考えると格安であるが、あちこちと送りまくるので、結局は大きな散財となった。

こんな調子で二人は東北六県を探検してまわった。それは教官だからこそできるもので、伊甫は転職したことを「これでよかった」と確信した。

将棋の嵐

伊甫が赴任して五年ほど経ったときである。沼津高専の将棋部顧問の浜渦允鉱教授から「秋田高専と親善交流がしたい」との、突然の連絡を受けた。お目当ては鈴木勝裕君で、「秋田高専にはすごく強い選手がいると伺っている。ぜひお手合わせしたい」とのことだった。さっそく話がまとまり、春休みを利用して教官と選手が沼津から秋田までやってくることになった。こちらでは体育部の合宿施設の畳の大部屋を用意した。学生が無料で宿泊できるのである。

沼津の選手は旅費を切り詰めるため「青春切符」を利用した。早朝JR沼津駅を出発し、鈍行に鈍行を乗り継いで秋田までやってきた。選手は鈴木君には完敗したが、他では沼津が優勢であった。伊甫と浜渦教授はとんとん拍子で話がまとまり、その年の夏秋田で高専全国大会を開こうということになった。

予算のこともあるし、伊甫はさっそく全国六二高専の学生主事あてに、開催参加を呼びかける手紙を送った。すると一〇高専から三〇人を越える申し込みをいただいた。しかし予算は全くないのだ。校長ともよく相談した結果、とにかく大会会長をお引き受けいただいた。そして伊甫が実行委員長である。例の畳の大部屋を押さえた。とはいえ体育関係者との折衝は大変だった。そして会場はなんと学校の食堂をあてることになった。

大会は現在は選手百数十人の大会に成長し、会場も大ホテルを利用している。それに比べ別世界の観はするが、これが無から出発した大会の原始の姿なのである。幸い将棋に理解の深い先生方が大勢いらして、とにかく関係者全員の一致協力で、第一回大会は無事終了した。

大会は団体戦（三人制）と個人戦だった。しかし大本命の鈴木君は個人戦で優勝できなかった。鈴木君はなんと雀卓を大部屋に持ち込み、他校の選手と将棋ならぬ麻雀の徹夜交流をしたというのだ。それにしてもジャラジャラやかましかっただろうが、周囲から「騒々しいから止めてくれ」という苦情はなかったそうである。秋田の選手の父親がＰＴＡ会長で、ぽんと一〇万円寄付していただいた。この浄財で若い女流棋士を招待することができた。女流棋士は若い選手におおもてだった。

大会は翌年からも継続することになった。会場は暫く富士山麓にある「国立中央青年の家」を利用させていただいた。審判長には谷川俊昭さん（東大将棋部ＯＢ）にご尽力いただいた。参加校と参加選手はぐんぐん増えていった。これらの運営はすべて浜渦教授に負うものであった。

その後は各高専が主催し、それぞれの都市で大型ホテルを会場にして継続されている。予算も少しずつ認められるようになった。伊甫が秋田高専を退官すると、先生方のご好意で団体戦優勝杯に「米長杯」と命名していただいた。これは伊甫にとって、まさに最大の宝となった。高専の先生になってよかったと、つくづく思ったのだった。なお個人戦優勝杯は「浜渦杯」である。

秋田高専には鈴木勝裕君に続いて武田俊平君が入学してきた。武田君は一年生の夏、アマ竜王戦の秋田県代表となった。学内は大反響だった。そして「鈴木と武田とどっちが強いんだ」と、学生だけでなく先生方からも質問を受けた。ついに「最強の将棋部」が誕生したのである。ただ残念なのは武田君が一年生のとき鈴木君は四年生のため、高校団体戦を組むことは叶わなかった。

鈴木君は二年生のとき、高校竜王戦で全国準優勝という成果をあげた。四年生・五年生のとき東北学生名人となり、全国大会に参加した。一方武田君は高校竜王戦に三年連続県代表になった。ただ全国大会はベスト八に留まった。不思議に準々決勝の出来が悪かったのである。二人は高校団体戦でも何回か県代表になっている。そのため伊甫の付添稼業は超繁忙を極めた。

特筆は「オール学生団体戦」である。一チーム五人の団体戦であるが、鈴木・武田を柱に東京に遠征した。このときは伊甫が遠征費一〇万円をぽんと寄付した。それは自分の道楽でやっているようなものだからである。最強の東京大学には五対〇で敗れたが、他の中堅どころの高校・大学に勝ち、団体成績四勝一敗という堂々たる戦果を収めた。

武田君も四年生になると東北地方大学大会に出場し、個人タイトルを獲得して全国学生名人戦に参加した。ただ全国大会の成績は鈴木君も武田君も思わしくなかった。武田君は伊甫と同じ年に秋田高専を卒業した。そして立命館大学に入学し、在学中に「アマ王将」という全国タイトルを獲得した。また大学王座戦は全国一〇校のリーグ戦で、一人九局であるが、三年間に「二七戦全勝」の大記録を樹立した。鈴木君も現在秋田県の個人戦で大活躍している。

秋田高専では伊甫のまわりは将棋・将棋・将棋で、いつしか麻雀も囲碁もブリッジも忘れ、将棋の嵐に取り囲まれているようだった。

主成分分析法で暴れる

伊甫がM社時代にN7手法の担当になったのは、既述のとおりである。N7は名前のように七個の単手法から構成されている。そして国内各企業に普及されており、その担当者も相当数おられるようである。しかしこの七手法全てに精通している技術者はほとんど皆無といっていいだろう。それぞれに得意なものを二〜三もっているのが普通である。

伊甫はN7の中で、主成分分析法に興味をひかれていった。これは縦横二元の数値情報が出発点になっている。例えばプロ野球の選手と打撃成績が代表例で、「打者」という縦軸と「打撃成績」という横軸がある。そのため別名で「マトリックス・データ解析法」とも呼ばれている。数学者の中には「いやな名前を付けるな」などと、文句をいう者もいるようだ。

幸い同手法に関しては、M社時代に、今村眞明さんというその道の熟達者がいて、基本ルールに関し、マンツーマンでコーチを受けていた。それを秋田で活用してみようというのである。主成分分析は高度な数値解析を伴っているが、ソフトフロッピーが完備されていて、数学が苦手な者にも容易に利用が可能だった。要するに最後の散布図の解読がポイントなのである。これは自動車の運転に似ている。つまりエンジンや材料組成などの専門知識がなくても、運転技術さえあれば車を自由にあやつれることと同義である。

伊甫はまず学生の卒研に適用した。各種の橋梁構造を対象に、同じ重量の車を通過させて、部材が変位する大きさや力の配分のスムースさなどを「二元マトリックス」で散布図を出すと、各種橋梁の構造効率が評価できるのである。こんな試みは業界初であったろう。しかし伊甫は将棋が忙しく、学内の紀要には発表したが、学会には発表しなかった。

それにしても伊甫の心には、どうも「遊び」という悪魔が潜んでいるようだった。主成分の対象は次第に野球や将棋などに傾注していった。論文の発表は「土木学会」ではなく「日本品質管理学会」であった。これは伊甫の学生時代の専門とは、似ても似つかない分野である。そして涙ぐましい独学の成果により、誰も真似のできない解読技術を発揮することができるようになった。

まず野球であるが、プロ野球の個人打撃・個人投手・チーム打撃・チーム投手は主成分析によって、並みの野球評論家以上に物申すことができることを示した。例えばヤクルトが優勝したとき、チーム投手陣の完投能力が中位であることに着目した。そして「ヤ軍の投手はしばしば交代した。このときの監督の采配が的確だった」と、野村監督の特に投手交代に対する手腕を勝因のひとつに、ズバリ指摘した。それは散布図に明示されるので、誰の目にも見て明らかなように、論理的に導き出されるものである。そこが記事だけの野球評論と、一味ちがうところである。

つぎに将棋でも一仕事やらかした。伊甫は独特の臭覚を持っていた。「各プロ棋士が一局の将棋での駒に何%触れたか、それを集積すると各棋士の棋風が現われる」とするものである。実際実行してみると、「桂馬の中原」「角使いの升田」等々なるほどという事実が、他の棋士との比較の上で散布されるのである。ちなみにかつての木村義雄名人は、銀の愛好者だった。また「小太刀の丸田」といわれるとおり、丸田プロはやけに金・銀・歩を多用されていた。

棋士が最も触れるのが少ない駒は「香車」である。通常は一%であるが、ある時期羽生プロは二%と、僅かに多いことを発見した。ところが羽生 vs 谷川名人戦で谷川プロが四勝二敗で勝ち、第一七代永世名人になったシリーズがある。この時羽生は全六局を通じて一度も香車に触れてないのだ。つまり羽生は本来の特性を全然発揮しないままに敗れたのである。

この事実は一〇〇人を超えるプロ棋士の先生方も、一〇〇〇万人を超える将棋ファンも、羽生ご本人もお気付きにならなかった。勿論伊甫も気が付かない。しかし主成分分析の散布図が一人事実を公示して、それを解読してくれるお人をじっと待っているのである。分析は個々の棋士だけではない。各タイトル戦の何局かをまとめて一個のデータとすることも可能なのである。それは現在の天文学が個々の星ではなく、遠い彼方の各銀河を一個の天体とみなすことと似ているようだ。そうすると個々の対局だけではなく、シリーズごとの比較が可能となるのである。

とにかく「百聞は一見にしかず」だ。ご興味あるお方は、日本科学技術連盟機関誌「品質管理」一九九八年八月号に、伊甫の野球と将棋の論文が一挙に掲載されているから、ご笑読をお勧めしたい。

担任の経験

高専は五年制で各学科とも、教官は一〇人・学生は四〇人である。だから平均すると二年に一度は担任が回ってくることになる。但し学校には専門学科の他に理科と文科の教養学科があり、そこに所属の先生方が低学年の担任を引受けていただくので、高齢の教授陣は数年に一度程度の頻度であった。伊甫は一二年間に三度ほど担任を務めたのである。

学科にとって一番重要なのは五年生の担任で、就職担当がメーンである。学生の就職は、毎年経済界の動向によって、売り手になるか買い手になるか、一喜一憂である。しかし伊甫は担任であろうとなかろうと、民間出身の教授職として、全力を挙げて就職活動をサポートした。

いつも苦労するのは、民間企業と公務員の就職重複である。一般に公務員試験は民間の就職活動が終わった頃から、おもむろに開始されるのである。公務員は国家・秋田県・各地元市町村の三種類がある。そして公務員を受験するのは成績優秀な学生が多いのだ。困ったことに、双方に合格すると大抵は民間を断り、公務員を重視するのである。

民間の景気がよい時は、企業の方でもなんとか新卒が欲しいところである。だからそんなとき一旦内定したものをお断りすることは、なんとも避けたいものである。しかし不幸にしてそんな事態が発生するとさあ大変である。学校が最も心配するのは、翌年からの求人に対する悪影響である。そこで状況によっては担任だけでなく、主任教授が先方へ謝罪に赴くといったケースも時折発生する。でもこれらは求人がなくて困ることと比較すると、嬉しい悲鳴かもしれないのである。

就職は五年生であるが、夏季実習は四年生の時である。伊甫はある年に女子学生を、かつての学友が責任者となっている企業の工事現場へお願いしたことがあった。普通男子学生は二〜三週間であるが、女子ということで一週間とさせていただいた。そして実習ではなく、見学という扱いにしていただいた。

ところが旧学友はことのほか女子学生を大切に処遇し、毎晩料亭で夕食をとったり二次会でスナックを案内したり、まさに至れり尽せりであった。おまけにその女子学生はカラオケの名手で、学内のチャンピオンでもあったのだ。それは水を得た魚の言葉がぴったりだ。これでは何の実習か分らなくなってしまう。女子学生は帰宅後、母親を伴って、伊甫のところへ挨拶にみえた。母親は「娘はまるで龍宮城にいってきたようだと言ってます」とのこと。まあこんな微笑ましいこともあったようだ。

伊甫が四年生の担任の時のことである。メインは夏季実習の他に、修学旅行がある。高専はどの学科も真面目な内容で、主として各企業への工場見学であった。伊甫は港湾局にお願いして小型船を出していただき、目下建造中の横浜ベイブリッジと東京湾アクアラインを見学させていただいた。特にベイブリッジは橋の上を車で通るのではなく、船に乗って下から構造物を眺めるところに意味があった。また地下鉄の建造現場も見学させていただいた。学生達はそのために、作業服とヘルメットを持参していた。地下鉄の現場主任からは、こんな真面目な見学者は見たことがないと、お褒めにあずかった。

しかし圧巻はディズニーランドの見学であろう。伊甫は学生達におごそかに伝えた。「君達はディズニーランドへ遊びにゆくのではない。建築の勉強に行くのだ」まあ理由はなんでもよい。伊甫は学生達の人気ナンバーワンに祭り上げられた。そしてこのことはよその学科にも伝わり、しばし賑やかな話題となった。

伊甫が秋田を去る最後の三月である。この頃は学科が「土木」から「環境都市」にかわったので、女子学生は一学年一〇名前後に増えていた。伊甫が一年生のとき担任だった皆さんは、四年生になってい た。伊甫はそのうちの女子学生一〇名を、なんと繁華街川反へ案内したのである。伊甫はこれが最後だというので、思い切って高級中華料理を振舞った。それからスナックへ案内した。伊甫も女子学生達も、よく歌った。二〇歳に満たない女子学生に囲まれて、伊甫は至上の幸福感に浸ることができた。

伊甫は時折担任を務めたことは、非常に有意義だったとしみじみ思ったのである。

泥沼教授まかりとおる

弟邦雄はいつかプロA級の常連となっていた。棋風は「泥沼流」と呼ばれる乱闘型のものである。伊甫の方もその行動規範から、まさに「泥沼教授」といえそうである。それは野球と将棋の主成分分析で世間をあっと驚かせたことでも、肯定していただけるだろう。このことがきっかけで、秋田では警察から交通事故の分析、体育協会からは国体不振の原因究明を依頼された。伊甫はそれぞれにお応えすることができた。

京都の権威筋である国際日本文化研究センターでは、将棋を広角から研究しようというプロジェクトが発足し、メンバーに選んでいただいた。同研究センターの尾本恵市先生が主宰者で、メンバーには元A級棋士の木村義徳さん、東大OBの小暮得雄先生、コンピュータ詰将棋の丹代晃一先生、駒制作者の熊澤良尊さんはじめ各方面の権威者が大集合した。お陰様で一〇余回、三泊四日で京都を訪れることができた。この研究会には恵子が全回同伴し、京都・奈良を歩きまくった。恵子も金食い虫の泥沼女房ではないか。

伊甫と恵子は秋田では時間の許す限り、あちこちとドライブに出掛けた。そのとき車内ではカセットテープで歌謡曲を聞いた。歌は昔の古いものが主体だった。伊甫はオリジナル歌手の名曲を手本として、カラオケの力を蓄えていった。スナックにも通った。こうした努力の賜物か、ある日突然カラオケが脱皮し、相当な歌い手に変身した。周囲は驚いた。なにしろ伊甫が急に歌が上手になったのだ。そしてどこで練習したのだろうと、噂された。伊甫に特別な持ち歌はないが、一応一〇〇曲くらいは軽く歌いこなせるようになった。

秋田高専では二人の美女「メグとマサコ」と仲良しになった。将棋で学生が県代表になると、三人で祝杯をあげるため、繁華街の川反に繰り出した。メグは研究室勤務だったが、学校の競歩大会では元気一杯に完走した。マサコは校長秘書で、伊甫が赴任した時の事務をはじめなにかと親身になって面倒をみていただいた。三人は今でも親交を保っている。

M社の女子社員エルザとも時々会っている。かつてトウコウエルザがオークスで優勝したとき、伊甫は彼女に「エルザ」というニックネームをプレゼントした。つまりM社女子社員の女王という意味付けである。歌劇であるが、白鳥の騎士ローエングリーンは間一髪でエルザ姫を悪から救う。そして二人は結婚する。その時の結婚行進曲はメンデルスゾーンの有名曲とは一味違っている。もし伊甫がエルザと結婚したら。式ではこちらの曲が流れるのであろうか。

しかし伊甫の女性観は別のところにあった。「我エルザを愛す。故にエルザと結婚せず」つまり自分は哀れな競馬狂である。愛する女性を幸せに導くことはできない。エルザを愛するからこそエルザとは結婚しない、とするものである。この考えは秋田高専のメグとマサコに対しても同様である。

邦雄はばりばりのA級棋士である。ところが自分は秋田の僻地で糊口を汚している。この差はどこからきたのであろうか。邦雄の恩人山口吉次郎さんの電話番号は「3942」⇩サクヨウニ⇩咲くように⇩花が咲いて幸せになる。というものだった。これに対し伊甫のかつての東京事務所の電話番号は「5171」⇩コイナイ⇩恋無い⇩失恋して不幸になる、というものである。

たしかに伊甫の青春時代は、美女にも才媛にも振られて散々だった。少し乱暴かも知れないが、電話番号が兄弟の明暗を分けたと伊甫はかたくなに信じている。

昭和一〇年代の話になるが、秋田出身の歌手として、東海林太郎と上原敏が、当時の人気歌手だった。だから伊甫はこの二人の歌を、ほぼ全曲テリトリーにしている。学生を卒研の息抜きに、時々地元土崎のスナックに案内した。そんな時二人の歌を歌うと学生に喜ばれた。土崎には東海林太郎の墓がある。また大館市では毎年七月に「上原敏を偲ぶ会」が催されている。カラオケは山梨に引退してからも、大切な社交の武器となっている。

いよいよ退官という年の暮れは二〇〇〇年終了のミレニアムだった。伊甫と惠子は年末の帰省の折東京丸の内に立ち寄って、熱狂する群集の中に身を投じていた。そして神戸からはじまった二人の人生行路を、じっくりと振り返った。二人は二人三脚でこの乱世を切り抜けてきた。だから後悔はなかった。また山梨へは胸を張って戻れると確信していた。

一〇、生まれ故郷での余生

余生の出発

二〇〇〇年四月、伊甫と惠子は伊甫の生まれ故郷である山梨県増穂町に居を移した。郷里では母花子が一人でじっと米長家を守っていた。米長家は四〇〇年を超える家系が厳然と存在しており、伊甫は第一二代となっている。伊甫は高校を卒業してこれまで四五年間、この責任のことは片時も忘れることはなかった。

高校を卒業して大学のため東京へ、それから神戸に就職し、東京の本社に転勤し、しばらく高砂に赴き、そこから国家公務員として秋田で教鞭をとり、それからついに生まれ故郷山梨へ戻ってきた。この間惠子とはいつも一緒だった。惠子は忍出産のため、三ヶ月ほど東京の実家に戻った。ところがこれと前後して、伊甫は電算技術のお陰で東京に長期出張となったのである。

また東京本社へ転勤してしばらく別居かと思ったら、なんと神戸の近隣の明石や京都に長期出張となった。馬鹿に都合よくできている。また秋田の話が持ち上がったとき、惠子は迷わず秋田についてきてくれた。そして惠子の車の運転が、秋田でも山梨でも、伊甫を救うことになった。

伊甫が神戸から東京に転勤したとき、忍は丁度幼稚園卒業だった。また秋田転勤のとき、忍は大学を卒業し就職して独身寮をあてがわれていた。「大過なく」という言葉があるが、我が家族は荒波に揉まれたわりには、小康状態にあったようだ。

伊甫と惠子が一番心配したのは、年金で暮らして行けるのかという一点であった。しかし案ずるよりは生むがやすし。郷里で生活してみると、結構衣食住は足りることが分った。それにバブルのとき手にした軍資金がそっと控えている。伊甫はキャッシュフローの成立になにより心強さを感じていた。それに周囲の人々みんなが伊甫と惠子の帰還を祝福してくれた。

帰郷と同時に、大学同級生の飯田祥雄君ご兄弟が経営する「飯田鉄工」に、顧問として採用していただくことになった。非常に有難いお話であった。ただ大企業や公務員の仕事を長年やってきたので、厳しい中堅企業でばりばりお役に立つことは難しかった。でもなんとか三年間身を寄せていただいた。

飯田鉄工社は社員の福祉に深く配慮する会社だった。社員旅行は社長以下全員が一緒になって行動した。夜の懇親会では、伊甫は得意のカラオケを披露してムードを盛り上げた。社員ソフトボール大会も盛大に行なわれた。伊甫は外野を守った。しかし近くに飛んでくる打球を、昔は簡単に捕らえたのに、今は体がゆうことを聞いてくれなかった。ゴルフ大会も行なわれた。一度だが「ドラコン」をとって、みなを驚かせたことがあった。麻雀もたまにお付合いした。

母花子は伊甫と一年半暮らしたあと、人生を全うした。臨終にはこどもたち全員が看取ったが、邦雄だけ間に合わなかった。「勝負師は親の死に目に会えない」という言葉のとおりだった。葬儀は伊甫が喪主になった。このとき飯田鉄工社から大勢の弔問をいただき、葬式が非常に賑やかなものとなった。邦雄の顔で「内閣総理大臣・小泉純一郎」の花輪を頂戴した。町内で総理から花輪を頂戴するのは、米長家がはじめてだというのである。伊甫は母を心置きなく送ることができた。

山梨には「無尽」という独特の風習がある。まず有志が無尽のグループを作る。グループとは、同級生とか、隣組あるいはスポーツの会とか、いろいろな集団がある。そして出席してもしなくても毎月一定の会費を払う。お金が貯まってくると、どこかへ簡単な旅行に出かける、というものである。会費は月額五千円が一般である。

伊甫は中学同級生の無尽に入れていただいた。これは中学全体ではなく、同じクラスの面々だった。中学在学時には芦澤秀男先生が担任だった。先生は理科がご専門で、「全ての物質は熱を加えると膨張する」という下りを、情熱的にお上手に説明されたので、みなは「膨張先生」というニックネームを付けた。その名残で会は「膨張会」と名づけられた。伊甫は大歓迎され、膨張会に入会させていただいた。お陰で宙に浮いた浦島太郎のような存在から、一歩ずつ足場が固まってきた。やはり同級生は有難いものである。

伊甫は郷里に戻ると、自然に甲州弁が出てきた。ただ惠子はこれに難色を示している。伊甫は誰からも「地元の人間」として受入れられたが、惠子はいくら努力しても「よそ者」だった。これは田舎の風習だから、善悪の問題ではない。しかし別にいじわるされるのではない。近所の奥さんがたは親切に、お付き合いをしていただいている。惠子はいばったり自慢したりすることをしない女性である。だからその人となりに好感をもたれ、少しずつ知り合いを増やしていった。

二人は一歩一歩新しい環境に溶け込んでいった。

旧家の改築

米長家は母屋と四棟のお倉、店倉・米倉・味噌倉・文庫倉から構成されている。お倉の一つ「店倉」は最も古く築一三〇年である。母屋は築一〇〇年である。今から一五〇年ほど昔に付近一帯に大地震があった。そのため部落全体が崩壊してしまったという。このとき第八代定右エ門は少し稼いだところでまず店倉を建て、そこを拠点に商売を再開した。はじめは天秤棒に「木綿のより糸」を担いで、近隣のお百姓さんに売り歩いたという。木綿のより糸から反物へ、更に呉服へと、次第に付加価値を高め、大きな財をなし、三〇年後に第九代伊甫（初代伊甫）が母屋を建てた、と考えると計算が合うのである。

第一〇代宗一は祖父定右エ門に可愛がられたので、子供に「定平」という名を付けた。定平は後に改名して第一一代伊甫（二代伊甫）となった。それをこの第一二代伊甫（三代伊甫）が引継いだのである。なお米長家の曼荼羅には「平左衛門」というご先祖がいらっしゃる。定平とはよくよくご先祖にゆかりの名前で、宗一の思慮深い一面を覗い知ることができる。

この伝統ある米長家の表玄関・店倉を、思い切って大改築しようというのである。これは母花子を送ってから、伊甫は決意を固めた。ただ先立つものは金であるが、幸い「バブルの軍資金」がある。大工さんは地元ではなく、宮大工の専門業者さんにお願いすることにした。そしたら「大改築させていただきたい」との申し出があった。伊甫も快諾した。要するに柱と梁だけを残し、つまり在来の材料を生かし、あとはなにからなにまでごそっと改造である。見事な古風の民家に生まれ変わった。

この姿をみて、周囲の人たちはびっくり仰天した。でも「さすが伊甫さんだ」と誰からも褒めていただいた。町の教育委員会からは「町並みの美化にご協力いただき有難う」とのお言葉をいただいた。

床はこれまで畳だったが、一階も二階も木造とした。また二階に通ずる階段は独特のものがあり、捨てるのはもったいないと思ったが、思い切って新しいものに取り替えた。家の入口には門がある。これは残した。現在ではもう作れない、貴重な遺産である。ちなみに恵子のクラスメイトは裕福な者も少なくないが、門構えの家となると、恵子一人である。せめて一つだけでも自慢できるものがあって、幸せである。でも少しというより大いに散財したが、伊甫も恵子も納得いくものであった。

改築に先立って屋内の古い雑物を片付けていると、その中から古い手書きの板が出てきた。よくよく解読してみると、そこには「米長定右エ門之を建つ」と書いてあった。伊甫はこれまでご先祖のことは、初代惣右エ門とせいぜい曽祖父の初代伊甫までしか、認識がなかった。この資料によって、米長家の現在の形成に更に一代上の定右エ門が重大な役割を果たしていることが分った。これは大きな収穫だった。

この頃文部省では「伝統文化の推進」を手がけておられた。全国規模の活動である。伝統文化には囲碁将棋だけでなく、かるたや百人一首・舞踊・太鼓をはじめ何百何千とあるのだ。当然日本将棋連盟としても、将棋関係で予算を頂戴したいところである。そこで全国の有力者に声をかけて予算の申請に乗り出した。伊甫もそのうちの一人にカウントしていただいた。

伊甫はこのとき、将棋こども教室を思い立った。会場は改造した店倉がぴったりなのである。そして積極的に予算申請に応募した。このプロジェクトは数年続いた。お陰様でこども教室に必要な盤と駒、時計、大盤、テキスト等が無料で続々と入手できた。丁度うまい具合に有難い制度と出会ったものである。伊甫のこども教室は、はずみをつけて発展していった。

第二の改築

あるとき見かけない中年男がぶらりと訪れてきた。伊甫も恵子も居合わせた。ちょっと世間話をしたあと、中年男が切り出した。「お宅は太陽光発電をおやりになりませんか」母屋には発電パネル三六個が設置できるという。そしたら発電を売る料金が買値を上回るというのである。伊甫と恵子の二人はすぐその話に飛びついた。

中年男は続けた。「調理場も風呂もオール電化にしませんか」なんでも夜間の安い電力を利用してエコキュートで熱湯を作るから、すごく割安だという。浴槽をそっくり改築してもすぐ元が取れるというのだ。第一プロパンガス代がゼロになるというのである。とにかく風呂場は、思い切って広いスペースをとった。後刻ではあるが、忍がこれを見てとても喜んだ。

更に第三弾が続く。「居間に大型の暖房機はいかがでしょう」暖房機は特殊なものだった。ボックスのなかにレンガを積み込み、やはり深夜の安い電力で七〇〇度に暖める。その蓄熱を朝・昼・夜に放熱するというものである。これにも二人は「うん」といった。これらを見積もると総額五五〇万円になるという。こんな大型商談を二人は立ち話で、伊甫の直感だけで決めてしまったのである。

しかし中年男は補助金のことも力説した。国から七〇万円、町から三〇万円の補助金が出るという。今後需要は増加するので、やがて補助金はこんなに多くなくなるだろうというのである。実際そのとおりであった。また小さな田舎町がこんなに高額な補助金を出すのは珍しいという。さすが「大増穂」である。

現在これらの諸装置は順調に稼動していて、光熱費は出費よりも入金の方が若干上回っている。そのため家計への好影響は大きい。我が家は電力社から「東京電力米長発電所」の称号をいただいている。とにかく東京電力さん、頑張ってください。

それから数年してからである。米倉・味噌倉・文庫倉の屋根や壁が老朽化して、雨漏れが無視できなくなってきた。このまま放置すると、いずれ建物全体が崩落してしまう恐れがあるのだ。しかし先の店倉の大改築で、相当な出費をやらかした。だからそんなに大掛かりの工事は不可能なのだ。そこでとにかく有効な範囲で、最低限の補修をおこなうことになった。

今度の工事はそんなに高度な技術は必要なさそうなので、地元の業者さんにお願いすることとした。屋根を中心にそれでも相当な手直しを行なった。今にも崩れそうな瓦屋根を、全部トタン屋根に置き換えた。古い物置や屋外トイレも撤去した。すると庭が見違えるほど、広く明るくなった。また古くから生えていたモクセイの木も、場所を変えた。それと新しく紅葉を植えた。このあたりのことは、植木屋さんの裁量にお任せした。とにかく建物も庭も、大改造である。

米長家はかつては味噌も醤油も、手作りの時代があった。祖母ふではこのときに手腕を発揮していた。味噌も醤油も、大きな樽に貯蔵されていた。梅干も自家製であった。そしてふでは味噌樽にキュウリやナスを放り込み、味噌漬も作っていた。でも味噌倉の中身も改築し、昔の面影は完全になくなった。

更に母屋の壁も塗りかえた。でもこれがなかなかの難作業だった。古い壁を塗り替えようとすると、「しわ」や「割れ目」が発生して、その修正とまた修正が大変だったのである。しかし大工さんの奮闘で、どうやら無事完成にこぎつけることができた。

総費用は小さな家なら二～三軒分の新築代に匹敵することだろう。伊甫と恵子はやるべきことをやり遂げて、実に爽やかな気持ちになった。

地元への奉仕

地元は地名を「増穂町青柳町」というように、昔から商業で賑わう町並みがある。ただ最近は郊外に量販店が続出しているので、個人商店は悪戦苦闘している。でもお互いに励ましあって、「みどり会」という無尽会を結成している。メンバーは一〇余人である。伊甫は商店ではないが将棋教室ということで、その無尽に仲間入りさせていただいた。毎月一回懇親会がある。そこに出席するといろいろ世間話がはずんで、雑情報が入ってくる。とても楽しい無尽会である。

みどり会はヤキトリの屋台を持っている。お寺や街道筋のお祭りがあると、伊甫が駆り出された。みなでヤキトリを焼いて売りまくる。僅かだが儲けがでるとみなで飲んだり、スナックでカラオケしたり、パッと発散するのである。また節分の日には赤鬼青鬼に扮して隣近所を一軒一軒まわり歩く。大抵の家庭から寸志を頂戴するが、これも収入の一部を寄付したり、残金で一杯やったりという調子である。

増穂町にはいくつかの部落（区）があり、その中はいくつかの組に細分されている。伊甫の場合は青柳町区が一丁目から五丁目に分れ、二丁目に属している。各組では組長を筆頭に、会計・育成会・体育委員会はじめ細かい役割がわんさとあり、それが任期一年で持回りとなっている。伊甫の組は八戸なので、毎年なにかのお役が回ってくるのである。

ある年「組長」が回ってきた。青柳町二丁目の組長全体を取り仕切る「組長会長」という要職がある。

伊甫はそのお役を避けるため、恵子を最初の会合に出席させた。しかしこの努力空しく、組長会長に祭り上げられてしまった。これまで組長すらやったことがないので無茶な話である。でも前任者が貴重な職務要領書を手渡してくださった。この時期にこんな行事がある、その時何をすればよいか、明細に記されてあった。伊甫はそれを頼りに全力投球で任期を全うした。

組長会長はまず区会に出席しなければならない。そしてそれを各組長に伝達する。時には会合も開く。各町内スポーツ大会には応援に行く。水泳大会では玉入れ競争の時には選手としてパンツ一枚でプールに飛び込む。お寺や神社のお祭には執行部として参加する。防災訓練も地元の総責任者である。また町会議員の選挙の時には率先して地元候補を応援する。要するに一年間雑務の塊なのである。

伊甫は体育委員会も経験した。この時は「事務局」というお役を頂戴した。これも組長会長に負けず劣らず雑用に次ぐ雑用である。体育行事は各種スポーツ大会をはじめ、町の体育大会や駅伝、グランドゴルフ大会等がある。そんなとき各組の体育委員を集め、推進を協議する。その資料作りから召集が一仕事だ。

町のスポーツ大会に参加することが決まっていれば話は簡単であるが、参加者がギリギリのケースがある。昨年来の選手名簿にしたがって、委員有志が集まり、手分けして参加の可否を電話で問い合わせる。もし定員に不足した場合は、こんどは不参加になったと、一旦出席をＯＫした人達にもう一度お断りの再電話をしなければならないのである。まあとにかくくたびれる仕事だ。しかし無事行事終了のあとでは、参加選手と一献酌み交わせる楽しみがあるのだ。これらの過程で新しい知人が増えるのは、楽しいことである。伊甫はいつしか地元の一員として、完全に溶け込んでいった。

なお増穂町は隣の鰍沢町と合併して、富士川町となった。

将棋こども教室の活動

米長家の改築と文部省の補助金等により、かねてからの夢だった自宅での「将棋こども教室」の開設が可能になった。問題は生徒であるが、幸い増穂地区は昔から将棋が盛んな土地として、名を馳せていた。いざ募集してみると下は幼稚園から上は中学生まで、二〇人近い受講生が集まった。この盛況は現在でも続いている。実施日は毎週二日としている。一日は全員、もう一日はちょっと強い生徒だけとした。弱い生徒でも少し見込みが出てくると強い組に入れる。

授業料は完全無料としていたが、それでは逆に気を使うというご意見があり、強い組だけ月千円と定めた。要するに伊甫はこどもの頃大人から無料で教えていただいた。だから今こども達に無料で教えてあげたい、という趣旨である。伊甫は一対一で指導することはない。そんなことをしていたら、他のこども達が野放しになってしまう。伊甫は部屋の中をぐるぐる回り歩いて、あれこれと気付いたことをコメントするという、独特の指導方式をとっている。

こども達は強弱に関係なくオール平手である。伊甫と指すときもそうだ。そして振り駒で先後を決める。伊甫は室内をぐるぐる巡回する。そして悪い手を見つけた場合はじゃんじゃん指摘する。また基本的で大切だと思われる局面になると、繰り返し手順を復唱させる。でもこども達は勝敗に拘っている。だから局面によっては「君が一回勝ったことにする」として、最初から指し直させることもしばしばある。

強いこどもは伊甫と指したがっている。そこである時は弱いこどもと対局させ、弱い子をロボットとして、伊甫が後で指示する。つまり伊甫と対局できるといった方法もとっている。勿論この間別の場所で勝負がついたところには、新しい手合いを指示したり、悪手を見つけると指摘したり、多面的な指導である。

こども達はめきめき上達している。その優等生が伊甫のすぐお隣さんの山内敦貴君である。幼稚園の頃から小学高学年を倒していた。そして三年生の時「小学生倉敷王将戦」の山梨県代表となり、全国大会でも三位に入賞した。また「JT東京大会」ではやはり三年生の時決勝に進出し、大観衆の前で羽織袴姿になり対局した。その他県タイトルは数々ある。また感心するのは弱いこども達と親切に対局してくれることだ。お陰でこども達はぐんぐん引張られて、レベルアップした。

伊甫は秋田高専での指導実績を念頭に、地元のこども達にも能動的な指導を試みている。小中学団体戦では、五年間に小学生が二回、中学生が三回、県代表となった。しかし東日本大会はいずれも不振で、これからの大きな課題である。

特筆すべきは「オール学生団体戦」であろう。この大会は幼稚園から大学院まで学生なら誰でも参加できるというものである。五人一組である。前述のように秋田高専も参加している。伊甫は秋田時代の経験を元に、思い切って増穂小学校にアプライしようと試みたのである。

増穂小学校はこれまでに四回参加して、中高生チームに通算四勝をあげた。特に山内君は主将として、大学生を含む強豪に対し、一度だけだが四勝一敗の個人成績を収めている。大会は三〇回弱の歴史があるが、小学生チームが団体勝利したのは今のところ、我が増穂小学校だけである。しかもそれが米長邦雄連盟会長の母校というところに、無限の価値がある。ここでも「大増穂」を発揮している。

増穂小学校の校長先生が「将棋をもって学校の特徴を発揮する」という方針を明示された。伊甫は何をおいてもそれにお応えせねばと念じていたが、どうやら格好がついたようだ。更に県内の任意団体戦でも最下位のFクラで出場し、大人ばかりを相手にしながら、敗者慰安の部で優勝している。最近はこどもが何チームか参加しているが、増穂小学校が開拓者なのである。活動はこれからも続くだろう。

伊甫の個人技

こども達の活動はまあまあだ。だが伊甫個人の活動はどうなっているのだろうか。それが将棋単能でないところが、伊甫流なのである。将棋の個人成績は「ねんりんピック」を挙げなければならないだろう。

最初に参加したのは福岡大会だった。この大会は二日制で、初日団体戦があり、その敗者は二日目に個人戦を競うシステムである。伊甫は団体戦も個人戦も敗れた。しかし団体戦で勝った相手が、翌日の個人戦で金メダルを獲得しているではないか。伊甫は「これはいけるぞ」と感じた。

伊甫は平成二一年度の北海道大会に参加させていただいた。予定通り団体戦を敗退し、翌日の個人戦に期待を寄せた。緒戦は奈良県代表だった。とにかく強い。あとで聞いたら若いとき全国優勝の経験者だという。しかし伊甫だって元学生チャンピオンではないか。そう考え直しての対局だった。局面は伊甫の必敗となった。ところがこの時相手は「二歩」の反則をやらかし、奇跡的に伊甫の勝利となった。

それからは弾みがついて決勝に進んだ。相手は福井県代表である。会場は「会長のお兄さんがきている」と噂が広がり、決勝戦は黒山の人盛りとなった。幸い優勝できた。そして念願の金メダルを手にした。この年は山梨県全体の金メダルは二個だったから、貴重な得点であった。また平成二三年度の熊本大会では、銀メダルを頂戴した。なんだか「ねんりんピック」は相性がよさそうである。

囲碁も伊甫にとって貴重な社交の武器である。幸い町で三本指に入っている。そのため町村対抗団体戦では、常連として駆り出されている。ある年は県大会に南巨摩郡チーム（五人制）の補欠として出場し、決勝一局だけ出場させていただいた。伊甫は得意の「三々」戦法で強豪で名高い相手を倒した。チームも三対二で辛勝したので、伊甫は貴重な貢献をすることができた。そして金メダルを獲得した。南巨摩郡チームとしては四〇年振りの優勝とのことだった。

伊甫の囲碁は、黒でも白でも、第一手と第二手をともに「三々」という特殊戦法である。でも囲碁の「両三々」は局面が単純化できて、どこか将棋の「角替棒銀」に似た感じを受けている。目下一日数時間、独学でこの戦法を研究している。将棋はあまり研究したことがない。これを始めてから、もう一〇年近くなるだろうか。はじめのうちはせいぜいアマ四段程度の実力であったが、最近はアマ六段級なら対等に打てる感じである。でもこの戦法はやや邪道ではないかと、苦笑している。目指すは「女流プロ初段級」であるが、どうなるのだろうか。

ある人からコントラクトブリッジも「このまま消えてしまうのはもったいない」とのご意見をいただいている。それもそうだが、とにかく時間が足りないのである。それでも何かの機会にと、アルフレッド・シャインワルト著「ブリッジ必勝五週間」を和訳している。本書は伊甫が知る限りベストブックで、それをテキストにしようと、一応最低の準備だけはしている。

社会奉仕としては「ライオンズクラブ」に入会した。献血活動やら募金活動やら、仲間と一緒になって、ばたばた身を動かした。そのうち会長も巡ってくる。月一回の例会を取り仕切ったり、石川県の友好クラブと相互訪問したり、一年間は雑用に次ぐ雑用で、夢中で過ごした記憶がある。その何人かの会長を取りまとめる「ゾーンチェアパーソン」なるものも、引き受けてしまった。まさにおっとり刀であったが、関係者のご協力により、無事任を全とうできた。それと前後して、横浜の本部にも、ときおり出かけることがあった。しばらくして、ライオンズクラブは退会させていただいたが、貴重な人生体験であった。

またカラオケとゴルフも、大切な社交の場になっている。富士川町の増穂地区には十数軒のスナックが、軒を連ねている。まさに「カラオケの町」である。またカラオケ狂も少なくない。それから町の外れには、ゴルフ・ショートコースがある。伊甫の家からは車で五分である。町民ゴルフ大会には、いつも一〇〇人を越える参加者があって盛会である。カラオケもゴルフも、そんなにお金がかからない。老後の趣味として、もってこいである。この双方も伊甫の社交道具になっている。

惠子とともに

山梨は車抜きには考えられない。伊甫は運転しないので、惠子の運転技術はまさに生命線である。とにかくまずは山梨県下を徹底的にドライブしてまわった。おかげで目ぼしい観光地は、一通り見聞することができた。桜は県内だけでなく、近隣まで足を伸ばした。例えば長野県の高遠の桜である。しかしなんといっても「弘前の桜がナンバーワン」との確信がたかまった。

また食べる方では、ウナギや蕎麦に関して名店案内の本を購入し、何軒となく訪れてみた。伊甫も恵子も、どちらも大好きなのである。蕎麦は専ら手打ちのざるのてんぷら付きである。蕎麦は十割だとか、赤蕎麦だとか、石臼引きだとか、その土地土地によって、それぞれ趣向を凝らしたものが沢山あった。でもどの蕎麦も美味しく感じられた。その点ウナギは専門店と簡易食堂では相当な差異がある。だからウナギはなるべくしっかりした専門店に入るようにしている。

とにかく二人には金はないが時間がある。恵子は遠出のドライブに特殊な才能があるので、少し無茶くらいの旅行をしたことも度々あった。九州は延べ二〇日間、三回に分けてドライブした。それは航空機で往復し、旅行先でレンタカーを利用した。離島にはいってないが、本島は五木地区を除き、各地をくまなく走破した。長崎では野母岬まで意外に時間がかかり、途中で断念している。若い頃二人は新婚旅行で阿蘇を訪れているが、その先高千穂から上椎葉へ足を伸ばした時には、感動で一杯だった。

上椎葉には石碑に「ひえつき節」の詩句が刻んであった。伊甫が思わず大声を張り上げて歌うと、隣のみやげ物の売店のおばあさんから、「あんたなかなかお上手ね」と、褒めていただいた。とんだ地域交流である。

また四国も東半分を訪れた。それは全国高専将棋大会の折である。伊甫は徳島大会に審判長として招かれた。山梨県からの交通は、なんと往復とも恵子の単独運転だったのである。大会が終わった後の数日を利用して、足摺岬をはじめ、お寺も三四箇所訪問している。また最近では東北の福島・宮城・岩手三県を訪れた。

時には軽く登山と組み合わせることもある。車でゆけるところまでゆき、そこから歩くのである。箇単なハイキングであるが、これまでに櫛形山、扇山、笹子峠山、赤城山、千頭星山等々に登った。しかし本格的なハイキングはもう無理なようだ。

舟くだりも二人は大好きである。球磨川・保津川・天竜川・木曽川はじめ各地の有名な舟くだりは結構あちこちをこなしている。伊甫は舟に乗ると酒を飲むのを楽しみにしている。東北へ出掛けたときも松島で遊覧船に乗ったとき、一杯やらかしている。こんな場合船のデッキは少々寒いので、酒は熱燗が最高である。

山梨では石和馬券売場にゆくのも、惠子の運転である。あまり長居はしない。かつてはほとんど毎週競馬場へ足を運んでいたが、最近は「有馬記念」や「ダービー」「天皇賞」など、せいぜい年間数日程度と落ちぶれてしまった。伊甫が場内をうろついているとき、惠子は広場の足湯につかりながら、新聞や雑誌を読むのが慣わしである。

惠子はなかなかの読書家である。また一度訪問したところ、特に寺院は全て記憶するという特技がある。惠子は旅行が終わると、家で地図をひろげ、そのときの経路を辿っておさらいするという、熱の入れ方である。だから一度訪問したところは絶対忘れない。

伊甫と惠子は海外旅行にも、手を染めている。母花子を見送り、家を改築し孫にも恵まれた。年金で一人前の生活もできる。「バブルの軍資金」も若干残っている。ようやく海外旅行の決心がついたのである。最初はオーストラリアを選んだ。それは時差がないことが、一番の理由だった。日本が冬のときに海水浴するなんて、最高の喜びである。それを皮切りに、夏は涼しいところへ、冬は暖かい地方へ、だいたい年二回のペースで、これまで一五回遠出した。

一応世界三大景勝地のモンサンミッシェル・マチュピチュ・アンコールワットは訪問した。遠いところではペルーやタヒチである。カナダではナイヤガラの滝を目にした。また引き続きイグアスの滝も訪れた。雨季だったので水量が豊富なため、迫力満点だった。二人はすっかり滝の魅力に取り付かれてしまった。更に残る南アフリカ方面のビクトリア大滝も訪れた。要するに世界三大景勝地と世界三大瀑布を悉く踏破したのである。

恵子は大変な倹約家である。普段は超質素な日常生活を送っている。ただお金が少し溜まると、どかんと良識的に使うのである。

でも夫婦仲良く海外旅行ができることは、この上ない幸せである。伊甫は現役時代放蕩な生活を送ってきたので、何回となく恵子を泣かせてきた。今こそその償いをする時期だと、伊甫は考えている。恵子は旅行にはお金を使うが、ショッピングやお化粧にはほとんどお金を使わない。その徹底した倹約主義が、これまで安月給の伊甫を支えてくれたのである。

古い米長家を維持するだけでも大変である。ちょっとした広さの畑があるが、ここでも二人で協力しながら野菜作りに励んでいる。二人そろって腕前は相当なものになった。野菜の自給率は九〇％以上である。スーパーへの買出しの時も二人でゆく。伊甫は食べたい魚や飲物をどんどん要求する。すると人前で、要るとか要らないとかの口論になる。これからも二人三脚で、難局を乗り切ってゆく覚悟である。

七〇歳からの人生修復

伊甫は七〇歳を迎えたころ、今までの人生行路を静かに振り返ってみた。そしてちょっと不足だったことがらに、二〜三気が付いた。その一つが歌謡曲である。昔うろ覚えだったいくつかの曲を、なんとかはっきりさせたいと考えた。

その一つに伊甫がこどもの頃、青年団の皆さんがよく歌っていた曲があった。歌詞の一部は「夜の巷をあやうす煙」というものだった。メロデーもなんとなく覚えていた。それはディック・ミネの「愛の小窓」であることが分った。正しい歌詞は「夜の巷を流れゆく　君がパイプの　ああうすけむり」である。歌詞は全部で四番まであった。伊甫はさっそくこの歌をテリトリーに加えた。

次になんとなく脳裏を掠める歌があった。何時の頃のものか分からないが、キーワードとして「ブラウス」「ああ懐かしや」の二つが断片的に思い出された。この曲はいくら探しても、なかなか見つからなかった。あれやこれやとカセットテープを買いあさって、ようやっとたどり着くことができた。

一つは渡辺はま子の「火の鳥」である。正しい歌詞は「君の情けにブラウスも　燃える火の鳥夢見鳥」である。またもう一曲もやはり渡辺はま子の「桑港のチャイナタウン」の歌詞に「泣いている」「忘らりょうか」「懐かしや」（いずれも二回繰り返し）とあった。これを確認した時は、とても嬉しかった。さっそく「桑港のチャイナタウン」はお手の物とした。だが「火の鳥」はどこのスナックをさがしても、置いてないのである。もっとも「火の鳥」は数曲存在するが、肝心の本曲は何処を探してもだめなのである。

また高校受験時代に近くの映画館から、毎晩がんがんと鳴り響いていた歌謡曲があった。歌詞は分からないが、メロデーは完全に覚えていた。いろいろと手を尽くして、それは美空ひばりの「陽気な渡り鳥」であることが分かった。この曲も、用意しているスナックはまれである。

このようにして、昔の懐かしい歌を少しずつ整理、蓄積していった。伊甫が少年時代は大人もこどもも青年団も、みんなが仲良く一緒になって歌ったものである。これら断片的に覚えている歌謡曲を整えることは、失われた記憶を呼び戻すことである。また歌手別の歌謡曲集も買いあさり、身に付けた曲は一〇〇曲近くになった。伊甫は郷里の町のスナックでこれらの曲を熱唱し、清清しい充実感を噛み締めている。

伊甫の住む甲府盆地は、ＪＲ身延線が大きくカーブして走っている。隣町のあたりのことである。そのカーブの背後はなだらかな丘になっている。伊甫は少年時代時折身延線に乗ったことはあるが、「丘のその先はどうなっているのだろうか」と、いつも素朴な疑問を抱いていた。

だがこの度郷里に戻ってきて、恵子の運転する車に乗って山梨県内を探検してまわっているうちに、この謎を解くことができた。丘の向こうは藪や小川や果樹園などが、雑然と広がっていた。それは取りとめもないことであるが、幼い頃からずっと空白だった伊甫の疑問を埋めてくれて、やはり充実感を産むものであった。

伊甫は大学時代に数学で、アーベルの「群論」の講義を受けた。有名な「五次方程式は解析できない」とする理論である。一応単位は取得したのであるが、これまでずーっと、なんとなく中途半端な思いがしていた。そこで七〇歳過ぎてから、アーベルの一歩先を行く、ガロアを読んでみたのである。はじめはちんぷんかんぷんだったが、三度読み直してみると、なんとなくその論理が分ってきた。それから「群論」に目を通してみると、それは恐ろしく幼稚に思えてくるから、不思議である。

ガロアはいう。「アーベルの群論は十分条件にすぎない」では方程式の解析を可能とする、「必要かつ十分条件」とはなにか。それは群論とは全く違った形で存在する筈である。この問題はガロアも解けなかった。伊甫は近いうちに、東京大学数学研究室を訪問したいと考えている。とにかく群論は、すっきりと理解できたような気がする。

伊甫は大学数学で「写像」もお手上げだった。それは高校数学の先入観が邪魔していたからである。Fが複素数zの関数だとすると、zは平面に図形を描き、それに連れてFも別の図形を描くことになる。この相互の関連を「写像」と表現したものである。

高校数学で、yがxの二次関数とするとき、横軸にx・縦軸にyをとると、きれいな放物線を描くことが、知られている。伊甫はこのことが頭脳にこびりついていて、なんと横軸にz、縦軸にFをとったのである。これは乱暴だ。zもFも複素数だから、一本の軸に収まる筈がない。双方とも平面でなければならないのだ、これでは「写像」の理論をマスターできる筈がない。伊甫はあれから五〇年経った今になって、学生時代の未熟に気が付き、軌道を修正したのである。

人間七〇歳を越えて寿命が許されたとき、何を優先して生活すべきなのか。各自各論があると思われるが、若い頃の未熟さを反省し、それを修復してゆくことは、実に愉快なことであり、限りない悦びを覚えるものである。

参議院議員選挙

平成一九年の参議院議員選挙に、甥の米長晴信が立候補したいと、突然親族に申し出があった。なんでもテレビ局で野党対象の取材を担当しているうちに、小沢一郎民主党代表に見込まれたそうである。

身内から町会議員というのは時折あるが、国会議員というとはじめての話である。当人の意思は固いようだ。それならば受けて立つより方法はないではないか。

ただ自民公明陣営も有力候補を用意していた。そして一般論ではあるが、米長陣営は歯が立たないだろうとの下馬評だった。しかし晴信は「それでも挑戦したい」とのことであった。その様子が固まってくると、そこには地元「大増穂」の暖かい応援の手が指し伸ばされてきた。同じ富士川町の鰍澤地区からも声援が徐々に大きくなってきた。この頃増穂・鰍澤両町は合併して「富士川町」となっていた。

さっそく晴信後援会が結成された。有志から続々ご賛同をいただいた。地元でもっとも信頼の厚いお方が、後援会長を引き受けて下さった。地元富士川町を核として南巨摩郡に、甲府市に、郡内地区に、そして県下全体に支持者を波及させていった。ただこれは民主党県内組織の動員力が主体で、伊甫はじめ親族は個人的な応援はできるが、ただおろおろと進展を祈るだけであった。

そのうちに状況が変わってきた。なんだか自公がやたらに叩かれはじめたのである。そして「民主・民主」という声が聞こえはじめた。しかも絶対視されていた相手の候補に、富豪なるが故の逆風が吹きはじめた。この現象は山梨だけでなく全国規模となって吹き荒れた。しかし伊甫は思った。「ここで安心したら負ける」

かつて邦雄が中原名人に挑戦し、いきなり三連勝したことがあった。地元増穂では「将棋界では三連勝が逆転した例がない。もうタイトル奪取は決まりだ。花火を上げよう」と大騒ぎになった。伊甫がまだ秋田高専にいた頃のことである。母花子から、騒ぎが大きくて大変だとの電話があった。伊甫は直ちに「馬鹿騒ぎは一切止めよ」と怒鳴った。そして加えた。「まだあと一勝が残っている。それはこれまでの三勝より大変だ。みな静かに見守って欲しい。浮ついていると負けてしまうよ」

母は邦雄に電話した。長男がみなのムードを壊しているとの苦情である。しかし邦雄は「まったく長男の言うとおりだ」と、母を説得してとにかくみなの騒ぎを静めてもらった。後日邦雄は四連勝でタイトル奪取できたことの勝因の第一に、伊甫の言動をあげている。選挙も将棋も勝負術は同じである。

伊甫はとにかく黙々と小さい努力をするしかないと決心した。将棋だって一手一手の積み重ねではないか。郡内地方とは甲府盆地の外側をいう。そこは自公の力が強く選挙前には二〇％も取れないだろうと言われていた。地元富士川町ではキャラバン隊を組み、戸別訪問をトライした。ただ入口を潜って家の中に入ると、ルール違反になる。伊甫はじめ親族もメンバーに志願した。一同は酷暑の中汗だくになって、一軒一軒丁寧に訪問してご協力を訴えた。

遠く郡内地方へ遠征の折り、ある中年男性から声をかけられた。「おまんとう、何処からきとうで」そこで「おらんとうは増穂からきーした」と答えると「ほりゃーごくらんでーすね」と、冷たいジュースをご馳走になった。これはほんとに小さい活動であるが、こんなことが積み重なったのか、郡内地方は結果的に六〇％の得票をいただいた。

これと前後して甲府では、東京大学ＯＢ会が開かれた。伊甫は当然選挙目的で顔を出した。そしたら自民党の小野次郎議員もご一緒だった。小野議員から、「君は選挙ははじめてだろう。まず日蓮聖人を思い出せ。聖人ははじめ一人一人に辻説法し、それを積み上げて大宗派をおつくりになった。その調子で行け」と話しかけられた。更に「オレは敵に塩を送るのが好きなんだ」と付け加えられた。

これはほんとに有難いアドバイスだった。そして関係者が郡内地区でやったことは、まさに小野議員のアドバイスそのものだと合点した。

選挙は思わぬ大勝利とさせていただいた。夜八時のテレビで放映開始直後に全国に先駆け「晴信当確」の文字が現われた。これは民主党の組織力、後援会長さんの強いリーダーシップ、そしてみなの一致団結した活動の賜物である。伊甫は親族と一緒にただ個人的な奉仕をしただけである。しかしこれを機に伊甫は民主党サポータになり、国政に強い関心を抱くようになった。

鳩山総理へのレター

伊甫はM社の社内コンサルタントだった頃、講師としておいでになった大前研一さんの行動規範に強い関心を寄せていた。大前さんはご専門は原子核理論の理学博士である。そのお方がなんと経営コンサルタントのキーマンとして企業を渡り歩いていらっしゃる。しかも自民党から選挙の分析を依頼された。そしたら「勝敗の鍵を握っているのはサイレントマジョリティだ」と、ずばり結論をお出しになっている。

大前さんはその後都知事選挙にも立候補されている。ただなんとなく立候補されたのではなく、官庁の各省庁の役割を機能的に分析されるなど、選挙を通して一般庶民の教育をなさっているような感じだった。大前さんのこの一連の行動から、伊甫は強いヒントを頂戴した。

「理学博士の大前さんが政治コンサルタントになられたのだから、工学博士の自分が政治コンサルを齧ってもおかしくないのではないか」

そしてこれまで経験したＶＥや品質管理（ＱＣ）の専門家の眼で政界を眺めてみると、出てくる出てくる。不具合や改善点が続々と目に入ってくるのである。伊甫はまず今話題になっているオリンピック開催地立候補問題に、いくつかの不審点を見出していた。そして時の総理、鳩山由紀夫閣下に直接レターをお送りした。結果は快諾され、総理直筆の御礼状を戴いた。そのときの全文をお示しする。東京オリンピックは、イスタンブールの諸事情から逆転で転がり込んでいるが、以下の文面から当時の悲壮な努力を味わっていただきたい。

平成二一年一〇月一一日

鳩山由紀夫総理殿

米長伊甫（民主党サポータ）

オリンピック開催地立候補に関し、左記の通りご進言申し上げます。

□　日本のプレゼンテイションは最高でございました。
・一五歳の少女を起用したり、総理御自ら環境問題を提唱されたり、実に画期的でございました。

□　日本の当選は無理があると思われます。
・二〇〇八年に北京で開催されたばかりです。同じ東アジアの日本の早期開催には無理がありま す。
・マドリードもロンドン直後ですから無理だと思われます。
・マドリードが決戦まで残ったのは大問題で、ヨーロッパの委員が多すぎるからだと思われます。

□ 二〇二〇年の予想

・開催地が、東アジア⇩ヨーロッパ⇩南米　と推移しておりますので、次は北米が有力になりそうです。

・今回最下位だったシカゴが、振り子の原理によって、次回はトップ当選となる可能性を秘めております。

□ 二〇二四年の予想

・この時期になりますと、大洋州・アフリカ・アジアが浮上してくるでしょう。

・大洋州のオーストラリアとニュージーランドは全く未知数です。

・アフリカに関しては二〇一〇年に南アフリカで開催予定のサッカーワールドカップに注視しています。これが大成功になりますと、アフリカ勢がオリンピックに名乗りをあげてくる可能性があります。

・アジア勢では韓国が猛ダッシュしてくるでしょう。

・国力を蓄えているインドの動静も気にかかります。リオネジャネイロのように「世界ではじめて」という感覚が横行しますと、インドが無視できなくなります。

□ 開催はじっくりチャンスを待ちましょう

・新興国が力をつけておりますので、一度開催すると次回まで従来以上に時間がかかります。

・日本は慌てず騒がず、最善の時期を待つのが得策です。

□ 石原都知事を慰留なさってください

・この度の落選は順番の問題で、都知事に落度はございません。
・都知事があまり自責の念にかられられないように、総理殿から暖かい慰留のお言葉をお願い申し上げます。

以上

鳩山総理へのレター・その2

伊甫ほこの度の音信を機に、鳩山総理に近親感を覚えた。総理も自分も同じ東京大学・同じ工学博士である。ただ英語は全く歯が立たない。その代わり囲碁将棋はこちらの方が上手だ。それはともかく伊甫の政治への関心は大いに高まった。そして頭が冴えてきた。総理に対するアドバイザーは、自分も総理であるかのような視点から物申さなければならない。

東大寮歌「ああ玉杯に」の一節には「栄華の巷低く見て」とある。なんだか国会議員の先生方も府県知事も、自分の配下にあるような痛快な心境に浸ってきた。そしてVE的なアイデアの閃くままに、沖縄問題を一気にファックス申し上げた。その全文をお示しする。文体が随分親しそうであることに留意していただきたい。

平成二二年五月一九日

鳩山由紀夫総理殿

米長伊甫（民主党サポータ）

普天間問題に関し、左記のとおりご提案申し上げます。

「普天間はニッコリ笑って幕引きして下さい」

□　冷静に国民の総意をご確認願います。

・徳之島では一万五〇〇〇人が反対集会を開きました。

・沖縄では八万人が県内反対集会を開きました。

・普天間では一万五〇〇〇人が基地を囲んで人の輪を結びました。

・代替を申し出ている府県はゼロです。

⇩　民意は「米軍出てゆけ」と理解されます。

□　国家緊急全体会議を招集して下さい。

・出席者は全国会議員・全府県知事・府県代表各一〇名程度

・合計二〇〇〇人を日本武道館に参集させて下さい。

・米国他全世界に向けて、できるだけ派手に大げさになさってください。

「この際、総理は行司役に徹して下さい」

・左記のように淡々と議事の遂行をお図り下さい。

「まず沖縄さん、県内移設に同意して頂けますか。なに、だめ。あそう。」

「次に鹿児島さん、徳之島に同意頂けますか。だめですか。」

「どこかの府県で受入れて頂けませんか。どこもないですか。」

「では国民の総意として、普天間の無条件撤収を米国にお伝えします。」

「米国と関係が悪化しても、それは国民自身の責任です。宜しいですね。」

「状況によっては憲法第九条を改訂して、自衛隊を軍隊に昇格、あるいは若年諸君の徴兵制度復活といった問題が派生するかもしれません。これもみな国民自身の責任で宜しいですね。」

「アッハッハ。これで私は肩の荷が下りました。愉快、愉快。それではご臨席の皆様、全国各地からご出席いただき、また貴重なご同意をいただき、誠に有難うございました。これにて閉会といたします。」

以上

⇩　行司役になれば、なにも苦労いりません。

ご存知のとおり、鳩山政権は伊甫のアドバイスとは全く逆の態度をお採りになった。その結果沖縄では知事選も参議院議員選も、候補者すら擁立できないという惨敗となった。底流にあるのは日米の力関係であろう。それならそうと、何故はっきり国民に説明なさらなかったのであろうか。伊甫は今でも残念に思っている。

熱血政治家「米満伊甫」への変身

伊甫は失意の日々を送っていた。徳之島の一万五〇〇〇人反対集会とはなんだったのか。あれは全く無駄なことだった。何故ならそれは基地反対に屋上屋を重ねたにすぎないからだ。そんな時間と労力があるのなら、何故手分けして国内に代替地がないのかどうか、国民全員で血眼になって探さないのだろうか。国民もマスコミも、目先の事象に惑わされて、国家的思考が欠落している。また当時の小沢幹事長は、何故鹿児島県に対し例えば「地方交付金五〇%カット」といった断固たる処置が下せなかったのか。民主政権らしさを発揮するチャンスは、いくらもあったのではないか。

あれこれしているうちに、政権は鳩山由紀夫総理から菅直人総理へと交代された。

菅総理は米長晴信の選挙のとき、我が郷里の富士川町へお越しいただいた。そして参加者を魅了する、素晴らしい応援演説をなさって下さった。だから伊甫は菅総理に対し、心から尊敬と感謝の念を抱いていた。

その管総理から思わぬお声がかかってきた。

「君の沖縄の意見書を読ませてもらった。君は型破りな人間だ。だがこの乱世では、君のような人間が必要だ。どうだ。私のところで暴れてみる気はないかね」

伊甫はお応えした。

「私を総理直属のアドバイザーとして、お使いください。それから総理特命代行として、関係者にがみがみ物申したり、時には総理メッセンジャーとしてマスコミに顔を出すこともお許しください」

管総理は「うん、よしよし」と気分良さそうにご了承いただいた。でも伊甫はその前日深酒を飲んで、霞朦朧としていた。管総理のお言葉は夢なのか現実なのか。しかしいずれにしても夢のような有難いお話である。

ここで「米長伊甫」は「米満伊甫」に変身する。そしてＶＥ発想とＱＣ手法を駆使し、思い切った国家改善策を打ち出して、管政権をお支えすることになるのである。

後編　熱血政治家「米満伊甫」の登場

米満伊甫の始動

米満伊甫は管直人総理から支援活動をご要請いただいた。誠に恐れ多く、しかし誠に光栄なことでもあった。伊甫は身を引き締めて、全知全霊をもってお応えしようと決心した。ただVE（バリューエンジニアリング・価値工学）およびQC（品質管理）の視点から政界を眺めてみると、人員や制度やコストに改善点がごろごろ見つかるのである。米満伊甫は米長伊甫のスキルを悉く身につけている。

伊甫はこの時将棋の中原誠第一六世名人がお好きな言葉「無心」を思い浮かべた。そうだ、いろいろ迷うことも無く、いろいろ画策することも無い。また格好をつけてけっぱる必要も無い。どこまでも自分を信じ、無心になって各時点時点で最善を尽くせばそれでよいのだと決心した。

VEではまず目的情報を収集して事実を整理し、現状を分析する。そして問題点、つまり現状の不具合を浮き彫りにさせる。それから不具合の大きさを重要度に従ってABC分析する。改善策はこれらを十分認識してからおもむろに発想するのである。つまり政策はいきなり思いつきで発案するものではなく、現状認識・現状分析の上に立つものでなければならない。

また人物や政治的現象をすべてその機能（存在意義や役割）だけで客観的に捉え、情実に流されることなく、常に冷静に判断することが肝要である。

では今の日本では、あるいは今の政局では、何が一番問題なのであろうか。それを緊急度・重要度・実現容易度で照らし合わせた場合はどうなるのか。何を一番に取り上げるべきであろうか。でもこの問題点掘り出しには、百人百様の観がある。つまり大勢で議論すると、一本に纏まらないことが多い。事実今の国会では政党ごとに意見が違うし、政党の中でも個々の議員で意見が分かれている。

そこで伊甫は最後は自分の意見を重視すること、そしてなによりも管総理のお考えを最優先し、それに沿うような発想を継続してゆこうと、考え方をまとめた。それで今日本が一番困っていることは何だろうかと、腰を落として周囲を眺めてみた。国家的ないくつかの難題が浮かび上がってきた。それらの因果関係や、「目的と手段」としての上下関係も整理してみた。

本来ならこれは「新QC七つ道具」の中の「親和図法」つまり大勢の仲間ががやがやいろんな意見を交わし、雑多な意見を不規則に徐々にくくり分けてゆく。そこから総意を見出してゆくという手法がある。但しこの手法はそのような感覚の下で、個人だけのプレーも可能なのである。それを各政党がおやりになったら、或いは各政党から選抜された少数精鋭の混成チームで一度やってみたらどんなことになるのであろうか。でも「喧嘩別れ」という可能性も十分考えられるのである。

伊甫は悩みに悩んだ末に、国家の最大懸案事項は「財政破綻の回避」であると、結論づけた。そんなの当たり前じゃないかと言われそうであるが、まずこれを国家最重要懸案事項として、国会もマスコミも国民も、関係者全員が共通認識することが、問題解決の第一歩なのである。

いま我国は巨額財政赤字で破綻寸前である。これを回避することが、なにをおいても優先させなければならないのだ。でもこの極めて当然なことに、与党も野党もマスコミも国民も、だれも正面から取組もうとしてないではないか。だからこのことをはっきり実行に結びつける行為が、とにかく国家救済の第一歩なのである。

誰も狼煙をあげないのなら、この伊甫がやってやろうじゃないか、というのが本書の出版意図なのである。今の日本は「まず新規の赤字国債を発行しないこと」を絶対の出発点にしなければならないのである。このことこそ、伊甫の救国提言の根幹なのである。とにかく赤字で困窮している企業を救うためのVE手法とQC手法で、赤字破綻寸前の日本を助け起こすこと、それが後期高齢者米満伊甫の悲願なのである。

勿論国債を抑える分だけ、予算は減少することになる。だから次のステップとして経費を徹底して見直し、削減し、とことん切り詰める必要がある。それは議員だけでなく、経営コンサルタント等のスペシャリストの英知を動員させることも、一案である。国民的な大議論をうまく括ってとりまとめるには、QCの「親和図法」がある。ただしこれはあくまで国政運用のための補助手段である。

また経費削減だけではなく、景気刺激による直接税の増加や、企業の税制の在りかたも当然考慮されなければならないのだ。特に大企業の減税優遇措置は是か非か、差し迫った国情との関連で討議されなければならないのだ。

とにかく赤字国債の新規発行を抑え、国家経費を徹底して削減し、税収を増加させその結果国家予算はいくら不足するのか、そこではじめて「消費税は何%にすべきか」が決定されるのである。これらの収支をすべて透明にすれば、国民は納得していただけるであろう。

ただし消費税は必ずしも増加と決まったわけではない。収支によっては現状維持という答えもありうるのである。このような論理的な検討過程を経ずに、いきなり消費税を何%とすべきか、それに賛成とか反対とか、やるべきことがあるとか、どこか根本的に抜け落ちがある、というのがVEとQCのスキルを有する伊甫の持論なのである。

民間企業ではVEのスペシャリストもQCのスペシャリストも、数多く存在している。しかし双方に精通というと、意外に少数なのである。民間ではこんな技術者こそ「あるべき姿」として求められている。だから自分でいうのは可笑しいが、伊甫は意外に貴重な存在なのである。

ところが昨今の政界は、大切な目的である「財政破綻の回避」を忘れ、単にその一手段にすぎない消費税を絶対視し、「五％死守」だとか「国民の生活を守れ」と、あらぬ方向に走ってしまう。そして増税に賛成だの反対だのと、最懸案事項そっちのけで空論を展開している。

一方国民も消費税のことばかり気にして、国家が破綻しても構わないのかどうか、いくら財政赤字が増加しても無関心が大勢である。こんな調子だから、マスコミも警鐘を鳴らすことが弱い。一部の海外有識者だけが我国に対し、その憂うべき事態を指摘していただいているのが現状である。

もっとも消費税増加は家計を守る主婦の重大案件である。伊甫の知る良識的な主婦は消費税増税に大反対だ。でも赤字国債の増加には眼をつむるという。そして国家財政が破綻したら、「その時はその時だ」というのである。こんなことは明治維新や太平洋戦争で経験済みではないか。そして財政が破綻しても、損するのは国債を買っているお金持ちの個人や銀行だけだという。

たしかに一理はあるが、こんなお考えの国民は主婦を中心に案外大勢いらっしゃるのではないか。でもこのような論理に押されたら、本書は存在意義を失ってしまうのだ。なんとか冷静に、伊甫の主張に耳を傾けていただきたいものである。

増税反対なら、財政破綻を回避するためにどんな代替案をもちあわせているのか、それをはっきり示す必要があるのだ。野党といえどもただ単に「反対反対」と連呼するだけでは済まされない。国会議員である以上は、必ず代替案を明示するくらいの度量がなければならないのである。そこではじめて国会は前進するのである。

では管総理の前の政権ではどうだったのか。小沢幹事長は「消費税は五％を堅持する」を民主党のマニュフェストに明示して、それを守ったと胸を張っておられる。でも伊甫は「おや」と感じた。一方で赤字国債を四一兆円も発行しているのではないか。その前に自公政権は累積でなんと八〇〇兆円も赤字を出しているのだ。

民主政権はこれを抑止することが政権交代の最重要課題ではなかったのか。四一兆円の新規赤字発生をゼロに抑え、財源不足を補う必要があるのなら、消費税のアップ、あるいは他の税収増を目指すべきではなかったか。つまり「国家倒産抑止」という最重要課題を忘れ、その手段の一つに過ぎない消費税を「五％据え置きし国民の生活を守った」と威張っているのである。小沢幹事長は国家的な優先順位の認識に、大きな勘違いをなさっているのではないだろうか。

それよりも、民主政権はなぜスムースに、巨額の財政赤字を引継いだのであろうか。そんなものは拒否できなかったのか。現実にはそれはできないが、前政権に対し、まず返済計画を提示させる必要はなかったのか。もし明確な返済計画が提示できなければ、なんの当ても無く巨額の赤字を繰返してきたことになる。こんな無責任な話はない。当然前政権に対し、厳しい責任追及、例えば政党解体とか、議員の資産没収といった追及をできなかったのであろうか。

もっともその政党・その行政を選択したのは国民自身である。では国民に文句をいうことしかできないのであろうか。伊甫は地団太踏むのみであった。

いずれにしても民主政権のトップバッターは、自公両党を完膚なきまでに叩き潰す絶好のチャンスを見送ってしまったのである。そして最重要事項の国家財政赤字は一路増大方向へ突き進むことになった。それは伊甫が一人気を揉んでも致し方ないことだった。伊甫はこの政権もあまり長くないのではないかと、淋しい感じがした。

自公政権から交替直後に消費増税を提案したら、国民は怒るだろう。しかしそれは自公政権からの負の遺産八〇〇兆円が原因だと、国民の怒りを自公に振り向けたら、今ごろ自公は存続できていたのだろうか。なにをおいても政権交替直後、民主政権は自公に対し、負の遺産に関して国民への謝罪を要求、いや命じなければならなかったのだ。それなのに自公と同じように財政赤字を増大させ、「消費税五％死守・国民の生活第一」とは、大甘にもほどがある。

結局一番大切な目的はなにか、国会議員もマスコミも国民も、国家的認識が欠落していたわけである。「何が目的で何が手段か」簡単なようであるが、なかなか気付くことができない。でもVEの視点からなら、直感的に把握できる基本的な問題にすぎないのである。伊甫はいまこそ国会議員もマスコミも国民も、VE的な発想が必要だと、つくづく感じたのである。

伊甫は考えた。いま日本は沖縄問題や原発問題あるいは中韓との外交問題等々難問が山積しているが、所詮伊甫は政治のど素人である。だから財政問題に的を絞って、自分の特技を生かした総理サポートに徹しようと、基本方針を固めた。以降順次改革活動を報告する。

増税前にやるべきこと

増税反対者は口をそろえていう。「増税前にやるべきことがある。」

確かにそのとおりだ。でもその一歩先、「例えばこんな施策があるのではないか」という具体的な政治アイデアが出てこないのだ。これでは事態は空転するばかりで、一歩も進まないのである。

伊甫はここで国民の英知を結集しようと決意した。そして管総理に懸賞論文の募集を提案した。「総理、この問題は簡単に結論づけられません。また与党議員だけで短期に提案できるものでもございません。この際国民有識者の総意を結集してはいかがでございましょうか。」

伊甫の提案は総理はじめ与党議員多数に支持された。そして国民に広く呼びかけることになった。

「消費税増税前にやるべきことがある。自分が総理なら何をやるか。ただし新規国債発行をゼロとして」

これをテーマに、懸賞論文を募集したのである。最優秀賞には一千万円を弾んだ。内容は分り易く簡潔に、二千字以内と条件を付けた。更に優秀賞若干名に百万円を追加した。また特別アイデア賞として、一件十万円も設けた。予算は総理機密費から工面していただいた。

応募広告には新聞・テレビ・週刊誌をフル活用したが、大きな反響を呼び、続々と応募が寄せられた。優秀な内容が多く、選考委員会は嬉しい悲鳴をあげた。伊甫は総理に対し、引続いて入賞応募者全員と有志議員を混成させたチームを編成し、検討会を催してはと、提案した。

実はVEでもQCでも、このプロセスが重要なのである。ただ論文を募集しただけでは、散発的な意見を受取ったにすぎないのである。これらの貴重な意見を相互に関連付け、全体として総合集約する。その採否を政権側が判断して、これからの政策に反映させてゆく。その詰めがあってこそはじめて、国民の英知が生かされるのである。そこのところが、ありきたりの有識者会議と違うポイントである。

検討会は都内のホテルで、二泊三日の缶詰で実施された。この集団討議方法はVEでもQCでもごくありふれた手法で、一部の民間企業では常識となっている。これらの費用もすべて機密費から充当していただいた。

検討会の進行をスムースにするため、「親和図法」の専門家とVEの専門家が若干名、討議進行役のコンサルタントとして応援参加した。検討会に先立ち、総理直々のご挨拶を頂戴した。それから関係者から今の財政状況に関する総括的な説明があった。次に出席者の自己紹介へと進んだ。伊甫は検討会の総合アドバイザということで、出席を許された。これからいよいよ検討の開始である。

まず各自の応募論文の内容を一件一葉に分割記載し、それぞれの入賞者から趣旨説明をおこなった。それから一件一葉の似ている意見どうしを接近させ、異質の意見を遠ざけるという手法で、参加者の意見の全体像を形作っていった。このように雑多な意見を仕分ける感覚を、専門用語では「情念」と表現している。意見は数個のグループに分けられた。それらは大きな紙の上に貼り付けられていった。

ここでメンバーは互選により、リーダーを決め、リーダーは集約された意見の全体像を皆に説明した。このプロセスにより、メンばー全員が検討主題に対し、共通の認識をもつことができた。

次に意見の各集団ごとに、不足しているアイデアがないか、自由に意見を出し合った。そしてそのアイデアが合意されると、順次補充していった。VEには「類似連想法」という手法がある。他人のアイデアに便乗して、似ているが新しいアイデアを生み出してゆく手法である。だからVEは、カンニング大歓迎なのである。

「親和図」のことを「A形図解」という。さらにこの図に盛り込まれた意見の末端用語を満遍なく盛込んだ小論文を描くと、そこそこ立派な文章になることが知られている。これを「B形文章化」という。チームはこの度の検討結果を「B形文章化」にとりまとめ、総理に「答申書」として、提出した。

検討会初日の夕食は「懇親会」の意味合いが強かった。しかし二日目の夜は一転して、徹夜の進行となった。でもメンばーは議員も民間人も自分の身分を忘れ、無我の境地で議事進行した。全員が国家救済のためという使命感に燃え、その結論には増税前にやるべき施策が大小さまざまな形で盛り込まれた。

検討会の最終報告会には、マスコミが招かれた。いままで政治問題でこんな格好の報告会は見たことがない。世間では「管政権、大いにやれ」という気運が盛り上がってきた。幸い内閣支持率もぐんと上昇した。

とにかく世の中で「有識者」の活用は、昨今要所要所で見られる現象である。しかしその多くは年に何回かの委員会で発言する形式である。この度は有識者多数が一堂に会し、喧喧諤諤と徹夜で意見を交す。しかもそれをとりまとめる科学的な手法がある、ということで、伊甫は画期的な前例を作ることに成功したのである。

以下これらの検討結果をヒントに、いくつかの改革に取組むこととする。

国会議員制度改革

新規赤字国債の発行抑止を起点として、まず経費削減を図ること。国家規模として考えられることは、公務員の給与削減、天下り支出減、省庁の事業仕分け、また地方自治体の削減努力を前提とした地方交付税の削減である。これと反対に税収の増加を図る方策もある。しかし予算削減には当事者から根強い反発がある。そこでなにをおいてもまず国会議員の人員および歳費の改善が急務である。これを差しおいていくら経費削減を叫んでも、国民は納得する筈がないからである。

昨今国家財政は逼迫している。その解決策として、消費税アップが可決された。そこではやるべきことがなにもなされないままの強行だった。増税に反対する議員からも、やるべきこととは何なのか、さっぱり具体的な提案がなかった。とすれば、「やるべきことがある」とは、単なる政治的駆け引きの用語に過ぎないのではないか。

明細案の立案と施行責任は当然政権与党にあるが、せめて一つか二つくらい、「例えばこんなことがある」と、例示すべきではなかったか。「日本減税党」も国民の幸福を願っての発案だと思われるが、減税して不足する財源をどうするか、地方自治体の財政赤字は抑えるのか黙認するのか、もう少し論理的に詰めて、総合的な政策を立案していただきたいものである。

伊甫の場合、経費をとことん詰めて、その結果消費税のアップが必要ない、あるいは減税も可能だとなれば、それこそ真に狙うところである。だから伊甫の論理は、日本減税党の論理とも無縁ではないのである。ただあまり経費削減を追及してゆくと、「緊縮財政」の問題に直面することになる。するとその賛否はギリシャのように、国家全乱となる恐れが生じてくるのである。

要するに財政赤字は進むも地獄、引くも地獄なのである。しかし日本はいつかどこかの時点で、直面することになる。それを今我々が取組むか、可愛い子供や孫の代に先送りするか、いずれにしてももはや待ったなしなのである。

それはともかく、消費税増額は国民全体の公平な負担を強いるものである。国民の一部はこれに「やむなく」同意した。誰も増税を歓迎する者はいない。政権だってできることなら減税したいのだ。ただ国家財政がままならないから、仕方ないのである。

しかし国民全員が要求する。「国会議員自身の身の切り方はどうなっているのか」歳費削減に関して政権が提案すると、野党の自公は問責だの不信任案だのと、話題をそっちへはぐらかしてしまう。実に卑劣だ。また定数削減に関しても、それを選挙区にするか比例区にするか、少数野党の利害が絡んで紛糾する。

とはいえ、伊甫は管総理に思い切った構想を提示して、ご了承をいただいた。

まず定員削減であるが、橋下大阪市長は「衆議院定数半減」を提案されている。もっともこれは市長の直感であって、明確な根拠は示されていない。でもこんな画期的な案が表にでる以上は、管政権も相当な案を示さないと格好がとれないではないか。そこで次の国政選挙では「衆参とも比例区四〇人減」とする提言案を閣議に提出し、了承された。

本会議では少数野党から、猛烈な反対意見が続出した。そして現行の小選挙区制度も見直したらと、意見は多岐に亘った。結局当落の判定を、少数野党に若干有利にするということで、四〇人減の基本案はどうにか一致をみるにいたった。

それから「一票の格差」問題がある。これを直接全面に実施すると、人口が少ない県からは、選挙区国会議員がゼロになる恐れがでてくるのだ。それは政治の空白を産むことになる。だから憲法の精神に抵触するかどうかは疑問であるが、「少なくとも府県から最低一名」という、別枠を併用させてはいかがなものであろうか。

これまで国会ではここまで突っ込んだ議論が、なされてこなかった。今は丁度気運が乗って、絶好の話合いの場となったのである。この進行には、与野党議員と有識者による検討委員会を設けてまず原案を作成し、次に予算委員会で討議し、最後に本会議で検討、ということになるだろう。、

今日本には「国民投票」という制度がない。しかし事態が紛糾して意見が纏まらない時は、何らかの方法で国民の総意を問うステップが必要になってくるのではないだろうか。ただ国民投票制度を定めて、その後悪用される可能性が皆無ではないのだ。でもそれを憂慮していたら、事態の進展がない。なにごとにも産みの苦しみは付きものである。

次に歳費削減に関し、管総理は思い切った改革案を提示された。その前に我国は財政破綻直前にあることで、議員全員の危機意識を共有させた。財政危機の一番の原因は自公が作った八〇〇兆円の借金である。そこで……管総理は重い口をお開きになられた。

「こんな発言をすると、国会は喧嘩別れになるやも知れません。しかしいつか誰かが切り出さねばなりません。その貧乏くじを私が引いたと考えています。もし事態が紛糾した場合は、直ちに国会を解散して国民に信を問う覚悟でございます」

それから提示された案とは次のようなものだった。

・民主議員は借金二〇〇兆円の責任をとって、歳費二五％を削減する。合わせて「消費税五％堅守」

は国家財政赤字を無視したものだから、マニュフェストから削除する。
・自公議員は借金八〇〇兆円の責任をとって、まず国民に謝罪していただきたい。その上で歳費五〇%削減にぜひご同意いただきたい。これは国会議員だけでなく、自公単独推薦の都道府県知事にも適用させていただきたい。
・その他の議員には削減枠は設けない。しかし一五%程度の削減を自主的にお申し出いただきたい。
・参議院は衆議院のように解散というリスクがない。そこで上記の削減案に上乗せして、更に衆議院の八〇%とさせていただきたい。

さすがに議論は紛糾し、まとまることはなかった。衆議院では与党多数で可決された。ところが参議院では通過する筈はなかったのであるが、少数野党のほぼ全ての政党と一部の自公議員に支持をいただき、可決された。世論は「管政権なかなかやるじゃないか」と大好評だった。内閣支持率は八〇%に急上昇した。そして世論は、国会議員がそこまでやるのならと、止むをえない場合の消費増税にも賛同率が急上昇した。

国家公務員改革

管総理と伊甫は、国会議員改革の次に国民の要求が高い国家公務員改革に取組んだ。中途半端な改革よりもばっさりした大改革の方がやり易いし、効果が上がるしと、この度の議員改革を背景に、自信を深めていた。

伊甫は民間企業に二九年間勤めた。この間円は一ドル三六〇円から八〇円まで上昇した。企業は幾たびか倒産の危機に直面し、伊甫は身の細る思いを味わった。公務員にはこの苦労がない。その分だけ民間より割安で当然である。

まずトップに照準を当ててみた。給与もボーナスも退職金も、みなバブル以前と全く変わらない。これは民間との比較において、余りにも不公平である。伊甫はズバリ頂点の五〇%カットを提案した。このご時世にボーナス四〇〇万円・退職金八〇〇〇万円とは、いかにも不自然である。

管総理はさすがに少し性急過ぎると反対された。しかし国家財政は破綻寸前である。倒産企業の社員に高給は許されない。だから公務員給与の高率カットは、緊急を要する課題である。伊甫は熱弁を奮って総理に同意をお願いした。総理も伊甫の素朴な熱意に折れたご様子だった。

では底辺をどうするか。伊甫は発案した。「誠にエイヤー式で申し訳ございませんが、この問題に正解はありません。全て政権の自己責任になります。そこで一案ですが、底辺一〇%で中間は直線を引く、ということで如何でございましょうか。」

この原案は与党内で検討された。ある議員から「この案は厳しすぎないか。とりあえず二年間限定で八%程度でどうだろうか」との意見が出された。しかし財政赤字を考えると、また国民の増税に対する不満を考えると、思い切った提案こそ民主党だ。自公と一味違うところを見せたいと、意見の合意をいただいた。

またある議員から「公務員の給与カットと引き換えに、公務員に団体交渉権を認めていただきたい」との提案がなされた。伊甫は一瞬「君は国会議員なのか、それとも労働組合の執行委員なのか、どっちだ」と噛み付こうとした。しかし一方でこれを認めれば、自公政権に無かった特色を生み出すことになる。さあどっちなんだと、思いあぐねた。知人の中には、一般公務員のスト権は認めるべきではないかとの支持も結構多いようだった。伊甫はいろいろ考えたが、それは自分の専門外だと、あとは与野党議員の総意に委ねることとした。

伊甫は静かに提案した。「公務員改革の本案を国民に提示して賛否の世論調査をいたしましょう。」

世論調査の結果は、どの新聞社もテレビ社も、圧倒的な支持に支えられた。しかしこの提案は最後の難関が待ち構えていた。人事院である。ここで大いにごねられることになった。

伊甫は総理特命として、単独人事院に乗り込んで、主な幹部職員を一堂に集めた。そしてまず総裁の解雇を言い渡した。そこに現総裁は欠席だった。また政権では総裁の改選にほぼ固まっていることは、皆が承知していた。

伊甫は続けた。「人事院総裁は生涯収入八億円というならず者だ。こんな人物に公務員の査定を任すことはできない。直ちに総裁を解雇する。」

人事院自身の人事の改革は総理が意図されていた。それを背景としての発言だった。いや、法的には暴言といっていいだろう。ただ人事院としても、従来の延長線での人事院勧告が通用する時代ではなくなったことを、全員が意識している様子であった。

伊甫は更に続けた。「誰か総裁に立候補して、給与カットを実施してくれる者はいないか。一年間だけだが臨時に総裁に任命する。」

幸い「ハーイ」と勢いよく挙手する職員がいた。いかにもやる気満々の相だった。伊甫が役職を尋ねると課長補佐とのことだった。年齢は五〇歳になったばかりだという。伊甫は即座に「よし。もし法的に可能なら、君はこれから一年間人事院総裁だ。しかし世の中には厳正な規則がある。これは参考案として、総理に伝えることとする。」と述べた。伊甫は更に続けた。

「ただ外国では政権が交代する度に、官庁の局長級は任命替えにしているところがある。いずれ我国もそんな方向に移行することが見えている。またこれは私案で恐縮であるが、局長級は自分が生まれ育った部署は許されないという考えをもっている。局長が国益よりも省益を重視することがあってはならない。そのための一つの解決策と考えている。とにかく世の中は変貌しつつある。お互いに頑張ろう。」

伊甫は少し度が過ぎたと思ったが、現状を大きく変えるには、誰か捨石にならなければならない。そのお役を自分がいつでも引受ける用意があると、自分に言い聞かせた。

伊甫は今回のことで、管総理から「少し乱暴ではないか」とのお言葉を頂戴した。そのお言葉に対し伊甫は答えた。

「総理、お言葉はごもっともでございますが、これからは総裁・次官級は政権の任命にしたいと考えております。その場合該当者は、今回のように埋もれた人材の発掘や他省庁からの編入、或いは民間人の起用も考えられます。その第一歩のモデルケースとお考え下さいませ。いずれ米国のように局長級にも拡大させたいですね。その場合局長・次官は原則として生まれ育った部署ではダメとすれば、省庁間のエゴは大幅になくなるものと考えております。」

伊甫は「人事院勧告」の委員会構成も民間人を加入させるなど、抜本的改革を合わせて提案した。民間企業や有識者、それも必ずしも年配の社長級でない実戦的な人選が望まれるのである。中小企業の関係者も若干加味された。この混成委員会はしばらくして発足することになった。ただ新しい人事院総裁は伊甫の思惑とは全然違う人物が、政権主導で人選された。そして人事院のムードは一変された。その結果さきの公務員給与改革案は、「人事院特別勧告」として周知された。伊甫の最大の懸案事項は、一応の成果を見ることになった。

残るは国家公務員の定数削減であるが、安易な免職はできないので、これは採用削減から出発して、長期に取組む必要がある。この不況期に公務員採用カットは、学生の就職に痛手を負わせることになる。でも採用された公務員は、国民が終身の総費を負担しなければならない。それは喉が渇いたときに海水を飲む理屈である。だから就職難だからと就職希望者に配慮することは、最終的に相当な国民の税負担になるのではないか。どこかで苦渋の決断が必要になると思った。ただこの難題は伊甫個人の力でどうなるものではない。だからアイデアだけ出して、あとは進展を見守ることとした。

天下り対策

公務員の所得改革と並行して、世論の関心は公務員高級官僚の天下りへと移っていった。自公時代に大甘だった政官癒着は、民主政権になって相当改善された。しかし高級官僚の腕前は、その道にど素人の民主政権には歯が立たなかった。とはいえ伊甫はある着想を抱いていた。それはRS法である。これは反対発想法、リバース・スタンディングポイント法だ。いわゆる反対連想法である。かつて伊甫にご指導たまわった経営コンサルタント佐藤良先生の「リョウ・サトウの方法」でもある。

これは言ってみれば「逆転の発想」である。「押してだめなら引いてみよ」の寸法だ。幾多の公務員に関し、その挙動を逐一追跡することは不可能である。しかし反対に「天下り大歓迎」としてみたら、どんな展開になるのだろうか。一番の問題は高給高退職金である。国民は天下りを非難しているのではない。この過待遇に税金が浪費されることを、怒っているのである。

そこで「天下りは無制限に許すとして、待遇面を制限する」としたら、どうなるだろうか。その制限額であるが、管総理と伊甫が相談した結果、定年退職した公務員に対し「月給一〇万円・ボーナス二〇万円を上限とする。退職金をゼロとする」という案がまとまった。ただし対象はあくまで国家の外郭団体に限るものである。民間企業は範囲外である。また外国公使や政治家になった場合は、対象外である。

伊甫は自分がかつて高専教授だったことがあるが、大学高専の先生は無制約であることを提案した。それは初期の就職事情が絡むからである。大学院で学位を取得するともう三〇歳である。だから先生方は就職に際しては、年齢的に大変なご苦労をなさっている。そこで大学高専の教師は特に制限を設けない、とさせていただいた。

これらを法制化すれば、政権側はなんの苦労も無く、ただ涼しい顔で公務員諸君の活動を見守っていればよいのである。こんな安易な法制度をなぜ誰もどの政権も、手をつけなかったのであろうか。どこかに思わぬ難点か問題点があるのだろうか。伊甫はままよとばかり、管総理にご決断をお願いした。

また伊甫はこれとは別に、若手公務員の天下り先への出向を思い立った。それは社会勉強としても重要である。例えば農林水産省の若手職員が、なんと日本中央競馬会（ＪＲＡ）の理事長を体験するのである。これは愉快な話だ。仮に誰か定年退職後のＯＢが天下るとして、月給一〇万円で甘んじる者がいるのだろうか。それなら全く反対のＲＳ法の発想で、若手公務員の出向といった妙着に辿りつくのである。これら一連の発案の陰には、さきの懸賞論文入賞者による検討会で出されたアイデアが、大いに役に立っている。

次に違反者の罰則の問題がある。勿論本人の違反所得は全額没収である。しかしそれだけでは違反は根絶できない。違反者の派遣に加担した官庁側の責任者と支給責任者は、事実確認と同時に懲戒免職といった強硬な罰則を伴わせる必要がありそうだ。でもこんなことを思い悩まなくても、薄給でいいからこれまでの経験を生かして社会奉仕したいという公務員は大勢存在しているのではないか。伊甫はこの性善説に賭けるのが、本来の天下り対策だと感じていた。

伊甫はふと思った。これまで高額の退職金転がしをやってきた高給官僚を、このまま逃げ得にしたままでよいのだろうか。これから厳しい制約を受ける官僚達への配慮も必要ではないか。そこで伊甫は管総理に提案した。

「総理、一部の官僚を逃げ得にしてはなりません。いかがでしょうか、過去五年なら五年と年限を区切っての話ですが、ある一定の基準を超える者は、残額を強制徴収したらどういうことになるでしょうか。」

総理は、「なるほど。これこそは自民にも公明にも、どこの党にも真似のできないことだ。よし。断行しよう。上限は二千万円前後が妥当だろう。だが法的に落度はないのかね。」とおっしゃった。

伊甫はこの日本国には珍しい施策を、なぜ日本共産党が提案しなかったのだろうか。かつての社会党土井党首にこんな発想はなかったのだろうかと、不思議な気持ちだった。もしかして管総理と伊甫は日本共産党以上の極左翼であろうか。いやいや、伊甫は二月二二日「爆弾三勇士」の日に生まれた、こちこちの右翼なのである。とにかく右でも左でもかまわないが、天下り問題に一応の区切りがついたと満足した。

だが高級官僚の実力は、伊甫の上をゆくものだった。よくよく法律に照らし合わせてみると、前年度以前に遡った徴収は法的に不可能とのことなのだ。残念ながらさきの検討会の決め球は、検証不十分だったようだ。しかし伊甫の発想は、マスコミで大きく報じられた。だからこれからの一連の行為に対しては、大いなる抑止力を発揮するものと確信を深めた。

事業仕分け

公費の無駄遣いは、国民全員が憂慮している由々しき問題である。これを先頭に立って指揮している群像は、公務員試験を最上位でパスし、これまでの勤務態度が最優秀と評価された面々である。では何がそんなに優秀なのであろうか。それは「国家のために奉仕する」のではなく、「省庁の利益や縄張りを守るために働く」という視点から、各省庁内だけで評価されたエリート軍団が出来上がってしまったのだ。

その人事評価の頂点に立つ人事院総裁が、なんと生涯収入八億円という怪人物である。伊甫はこの怪人物から七億円の資産没収の手を打とうとしたが、既述のとおり法的に不可能なのであった。伊甫がさきに総裁に抜擢しようとした課長補佐と、この怪総裁と、どちらが優秀なのであろうか。それはこれからの進展を見守ることで、結論が出るだろう。伊甫はこの度の新総裁を徹底的に支援しようと、心に決意した。また先に提案した「局長以上は古巣への就任不可」というVE的発想が、これまでの悪癖を打破するために極めて有効との確信を得た。政権内でも真剣に討議されているようだった。

「国家予算は全て省益のために組まれている」これを念頭に、無駄を指摘しようと、民主政権は何度かの事業仕分けを実施してきた。それは蓮舫議員の絶大なご尽力によるものだった。しかし蓮舫議員には孤軍奮闘の悲壮感が漂っていた。各大臣は蓮舫議員に協力どころか、省庁側に立って反論や言い訳ばかりしている。伊甫は「これはちょっとおかしいぞ」と痛感した。

マスコミの報道や記者の感覚にも奇妙さを感じていた。蓮舫議員のお仕事は、あくまでパフォーマンスなのである。だけどちょっと触っただけで一兆円近い成果を納めているではないか。各大臣はこれを貴重なヒントとして、何故自分の省庁でガバッと大きく効果を上げようと思わないのであろうか。君達はこれまでの自公政権ではなく、誇り高き民主政権ではないか。それに国家財政は膨大な負債を抱え、破綻寸前ではないか。各大臣がこんな考え、こんな行動をとっていたら、民主政権は永続できないぞと感じた。

各大臣は「自分の省庁は自分が責任を以って事業仕分けしよう」という決意は持てないものであろうか。そして各省庁で二〇～三〇％の予算カットを積み上げれば、国家財政はどんなに助かることだろうか。これこそ各大臣の最大任務の筈である。少なくとも省庁の利益代表であってはならないのだ。伊甫はよほど大臣全員を集めてＶＥ教育をやらかそうかと思ったものである。

もっとも民主政権の中には、特に古参の実力派議員から「国家予算総額は自公を上回れ」と、絶叫する議員が続出したのだ。言わんとすること分かるが、これは明らかに本末転倒である。ムダを排除し、赤字国債を抑え、消費税のアップを抑止し、その上で自公の予算を超えることができれば万万歳であるが、そんなやりくりが現実的に可能であろうか。もしさきの古参議員達に「赤字国債ならじゃんじゃん構わぬ」という発想があったとしたら、それこそ政権崩壊の直接原因である。

伊甫はこれらの憤懣を管総理にぶっつけた。そして各大臣の発想の転換を迫るよう、強く要望した。総理も納得された。そして各省庁で大臣主宰の事業仕分けを命じた。但しこのままでは無手勝流となってしまう恐れがある。そこで伊甫は全国の経営コンサルタントを総動員し、また有識者を募集し、それらの人材を各省庁の仕分け会議に出席させ、採否の判断に大いに発言するような方式を併用させた。ただしこの仕分け会議は、防衛関係と外務関係を対象外とした。また伊甫と蓮舫議員は特別アドバイザーとして、各省庁を飛び回り適宜積極的に嘴を挟んだ。この混成委員による事業仕分けの検討方式は、さきの懸賞論文入賞者検討会の答申の一部を参考にしたものである。マスコミも国民も、じっと成果を見守っていた。

会議は大成功で、当初九〇兆円を上回るとされた国家予算が、七〇兆円そこそこで納まってしまった。また赤字国債の返済額もなんぼだと、全ての国民に分かるよう明示し、新聞・テレビでも周知をはかった。消費税増税分はこの赤字国債償却にあてがうことを第一優先とした。

自公から消費税上乗せ分は公共事業に振り向けるべきだとの異議が提起された。伊甫はこのことで自分が総理代行として、記者会見に臨みたいと申し出た。総理はにっこりお笑いになって頷ずかれた。伊甫は記者陣に簡素に説明した。

「記者の皆様、ご存知の通り我国は高額な財政赤字を抱えております。いつ第二のギリシャになるかわかりません。財政は本年を分岐点として、返却モードに転換する必要があります。自公は累積八〇〇兆円の借金を残しました。しかも一言も謝罪したことがありません。この度国会で自公の歳費を五〇％カットする提案をさせていただきましたが、国民の皆様全員に納得いただけるよう期しております。公共事業は財政が許す範囲で実施いたします。もし無理な借金をして事業を施したら、国家は破綻いたします。建設業界の皆様も国家が破綻したら、元も子もないでしょう。なにとぞ邪悪な扇動に惑わされないでください」

伊甫はこのときちらと閃いた。そうだ。公益法人に手を付けよう。法人の数は六千余とも言われている。蓮舫議員がちょっと仕分けしただけで大きな成果をあげている。ここでも逆転の発想・ＲＳ法が脳裏をよぎった。

「公益法人を一つ一つ照査するのではなく、がらっと全部ゼロにする。そして改めて法人を申請させ、そこで厳しく査定したらよい」

この考えはさきの懸賞論文入賞者検討会でも、似たようなアイデアが出されていた。また仕分け検討会でも散発的に網にかかっていた。だが公益法人だけに限って、それ専属の検討という発想には及んでいなかった。

伊甫はとりあえず、日本将棋連盟と日本棋院を除く全公益法人に解散命令を下した。また蓮舫議員から予算・組織停止を仕分けされたのに巧妙に復活している事象に対しては、直ちに予算停止・組織解体・案画者の懲戒免職を言い渡した。再申請された法人は高額天下りゼロを前提に、一〇〇件程度の規模におさまった。そのため一〇兆円以上の予算カットが実現した。相当な成果である。、勿論このことは、赤字国債の減額モードに大いに貢献した。

付帯する二、三の問題

以上さきの懸賞論文入賞者の答申に沿って、国会議員改革にはじまり、国家公務員給与改革、天下り対策、事業仕分け、公益法人対策と、次々に手を打ってきた。その結果、まずまずの成果を収めることができた。

これは伊甫の得意の分野ではないが、直接税の増収対策がある。また企業に減税を施すのかその逆とするのか、これも重要な案件である。企業を優遇しすぎたら、消費税に対する国民の不満や不信がたかまることになる。伊甫は専門外のことに口出しを慎んだが、ひとこと、「過度な税制優遇を排除していただきたい」と、総理に申し入れた。

しかし財政節減面でこれだけのことをしたのだ。このことは直接税対策関係者にも、大きなインパクトを与えた。関係者は自分達も負けるものかと、景気回復促進との関連で、直接税の優遇ではなく、国家の増収を至上の目的として取組んだ。これまでの税制特別優遇措置を、根本から見直すことにした。

そうすると企業の新規採用枠が抑えられるとか、給料が上がらなければ消費が増えないとか、いろいろな意見が交錯した。しかしとにかく国家の非常時に、なにをおいても財政改革を第一に考えることで、世論からも支持された。

次に現在の国債問題がある。その利子だけでも年間一〇兆円である。これがなんとかならないだろうか。もし国家非常事態を宣言して、国債利子がゼロにできるなら、こんな嬉しいことはない。その点国際法はどうなっているのだろうか。また六〇年といわれる償還期限を、倍に延長できないものであろうか。ここも伊甫の専門外で、アイデアを出すことはできるが、それ以上には踏み込めないのだ。

ただ我国がいよいよの時は、「万歳倒産」する最後の策はある。日銀が「一億円札」を作って、一千兆円印刷するのである。それで国債の精算を済ませるのだ。その結果超インフレになる。借金は一千兆円から一兆円に目減りするが、国民各自の資産も一千分の一になってしまう。そして現在の国家は壊滅する。その結果日本は昭和二〇年、いや明治維新に逆戻りして、再出発ということになるのである。そうならないための第一歩が、本書の趣旨なのである。

国家予算の中では、地方交付税も大きなウエイトを占めている。ここもなんとかしなければならないのだ。伊甫はまず国家をいじり、地方はそれからと考えていた。しかし赤字国債ゼロ施策となると、どうしても地方交付税の存在が無視できないのである。

伊甫はまず地元の山梨県内を見渡してみた。すると昭和町と忍野村を除き、県も市町村も、みなことごとく財政赤字に瀕しているではないか。伊甫は「まず国家から」というこれまでの考えを訂正し、「国家と地方同時」に方向替えしたのである。そうしないと、スピードが間に合わないのである。とにかく国も地方も、借金の塩漬けではないか。

ただ山梨県の場合、県の財政赤字は知事以下のご努力により、一兆円強から一兆円弱に改善されていた。伊甫はこれを成功モデルとして、全国の自治体に波及できないものかと考えた。全国津々浦々の自治体で、新規赤字ゼロを目標に一斉に財政再建に取組むのである。これからは地方自治体といえども、議員報酬や公務員給与、また支出削減に関し、「財政赤字抑止」を絶対条件として、厳しく取組むことが求められるのである。

すると国の施策と地方の施策と、互いに優れているところを参考にし合って、二人三脚で進むことになるのである。その結果として、地方交付税の削減に辿り付くことができるのではなかろうか。ただこれにはしばらく時間がかかりそうである。

また景気回復策による直接税の増加や、過度の税制優遇の見直しといった、伊甫の範疇外の重要案件もある。政権は増収と節減の両輪で、精力的に新年度の予算編成に取組むことになった。

新しい消費増税論議

これまでの、「まず増税ありき」という論議ではなく、ここに従来にない新しい消費増税論議が展開されることになった。政権は議会にも国民にも透明に公平に、呼びかけをおこなった。

まず議論の大前提である新規国債発行ゼロを、絶対条件として提示した。そしてまず企業や個人からの事業税の増収案が示された。次に国会議員および国家公務員の予算削減や天下り対策あるいは公益法人改革等の効果見積りが説明された。それからおもむろに、各省庁からの事業仕分け実施による、新年度概算要求額が提示された。これから過去の赤字国債償還費が加算された。

とにかくやるべきことをやった後の必要経費はどうなるのか、それはいくら不足するものなのか、数値を透明なものにして、公開で消費増税の必要額が明示された。そこでは消費税一五％という答えが出された。しかしここまで一気の消費増税は、実行が困難と考えられる。

主な対応策としたら、各省庁に目標を与えた上で事業仕分けをもう一段努力していただくか、今年に限ってという条件で、赤字国債を十兆円ほど発行させていただくか、二者択一の待ったなしの状況となった。そこに新たな建議があった。地方にもいますぐ血を流していただき、地方交付税を削減してはどうかとの意見だった。また増え続ける高齢層に、いつまでも同じレベルの支援はいずれ資金切れになるのではないかという、重要案件もある。また国債利子の軽減は、国際法上不可能であろうか。

ともかくこれらをうまく総合し、赤字国債新規発行ゼロ、消費税一〇%ということで、落着させていただいた。しかし国民は、政権はやるべきことをきちんとやってくれたと、大きな不満は発生しなかった。

問題は新年度の景気動向だ。予算はどうしても緊縮傾向にある。だから個人消費が伸び悩む懸念が無視できないのだ。でも欧米では消費税二〇%とか二五%という国がごろごろ存在しているではないか。それらの国のキャッシュフローはどうなっているか。また日本で移行したらどんな影響を受けるのか。政権は翌年度以降に備えて、「高額消費税実施影響研究会」を発足させることになった。

また欧米には、赤字国債新規発行禁止を国策として目指している国があるという。そんな国が何を根拠に実行可能と踏んでいるのか、予算のやりくりはどう考えているのか、あらためて調査することが決定された。またギリシャとも、緊縮財政の功罪を巡って意見交換してはとの発案も課題とした。

いずれにしても従来とは全く違うスタイルで、消費増税可否の論議が展開されることになった。ただ新年度は「新規赤字ゼロ」を目標としたが、なんとしても「国債残高低減」の方向に進まなければならないのだ。完全償還までにおおよそ何年かかるのか、そこまで踏み込まなくてもよいのか、政権は多少困難でも見通せる範囲で、国民に提示することとした。

二つの特別委員会設置

伊甫は一連の財政改革の運用が線香花火で終わらないように、それが永続するシステムは構築できないものか考えあぐんだ。そしてすごく平凡な仕掛けに気が付いた。それは単刀直入に、「財政赤字抑止委員会」と「事業仕分け推進委員会」という、二つの特別委員会を設置することである。これらはいずれも予算委員会で代表される議員固有のものではなく、民間の有識者も半数程度参加させるという方式である。だから政権推進機関ではなく、あくまで諮問機関である。このような運用方式が有用であることは、これまでのいくつかの改善活動で証明されてきた。

伊甫はこの構想を管総理に提示した。総理はすっかり乗り気になられた。そして「財政赤字抑止委員会」では、なんとご自分が本部長になられるという。その下に委員長をおく。これは大企業でトップに会長と社長を設けるのと同じ理屈である。そして伊甫も特別アドバイザーとして、関与を許された。

委員会はただ物理的に赤字を抑えるのではなく、税収と支出のバランスから、周囲のしがらみに捉われることなく、合理的な施策を建議するというものである。世界の変動や突発事故、また国情の変化によって、妥当な消費税額はその都度更新するのである。景気が回復して直接税収が思わず進み、事業仕分けが順調となって予算が潤沢になれば、時には消費税一時減額という、日本減税党が喜びそうな夢も、決して不可能ではないのである。それと緊縮財政の弊害が出ていないかどうか、その観察も主要任務である。

次に「事業仕分け推進委員会」は、内閣官房長官が本部長をお務めになられることになった。伊甫は蓮舫議員とともに、総合アドバイザーに任命された。ただ実行部隊はあくまで各省庁の大臣を議長とする検討会議である。そこで民間の有識者を活用することは、これまでどおりである。

二つの委員会は閣議決定され、予算委員会の承認を経て、実効に移された。これら委員会で細部の詳細検討が必要な時は、その筋の専門家の登用や、ＶＥ・ＱＣ技術者の活用も視野に含まれた。なおＶＥの国内総元締めは日本ＶＥ協会、ＱＣの総元締めは日本科学技術連盟（日科技連）である。

とにかく従来にない視点の特別委員会が、さしたる反対も無く船出することになった。懸案事項は地方自治体の体制遅れである。でも単純にこれら委員会のアウトプットを頂戴すればいいではないか。あるいは物真似で、自己流に多少創意工夫を加えることである。これは「類似連想法」といって、ＶＥ手法のひとつなのである。

伊甫はふと思った。いまの世の中は天下りしかないが、いままでの流れに見るように、民間人を要所要所で活用する、こんな「天上がり」を活発にしたら、公務員機能は大いに発展するのではないだろうか。ともかく伊甫の夢は、また一歩前進した。

ハプニングなヤジ禁止令

冬のある寒い日のことだった。国会は野党からの代表質問のさなかであった。そこでは日本共産党が質問に立っておられた。とにかく原発を全面廃止すべきではないかと、強調されていた。その発言の最中に、自公席方面から大きなヤジが飛んできた。「イヨー・テロ政党君」というものだった。

伊甫はこの報道を、夕方のテレビ番組で認識した。ヤジ議員のあまりの品位のなさに愕然とした。この行為はサッカーの試合でのヤジと変わらないのではないか、いや。それ以下かもしれないのだ。サッカーのヤジには若さと熱気があるからだ。間もなく該当議員の謝罪の場面が報道された。しかし当人はただにやけているだけで、とてもまじめに反省しているようには見えなかった。議員は公明党とは関係ないようだった。

伊甫は直ちに管総理に電話連絡した。ヤジ議員を今すぐにでも免職させていただきたい、という趣旨だった。しかし総理は「まあまあ他所の党のことでもあるし」と、あまり相手にしていただけなかった。そこで伊甫は単独記者会見を要請した。席上で伊甫はまくしたてた。

「いま国際テロが横行しているとき、もっともテロから遠い国の筈の日本の国会で、テロにちなんだ暴言が吐かれることは、はなはだ遺憾であります。これから該当議員を〝ミスターテロ〟と呼ぶことにしてはどうでしょうか。こんな議員を処罰してもはじまりません。それよりこの際議員立法で、ヤジを禁止させたら如何でしょうか。」

幸い出席の記者全員から、賛同の言葉をいただいた。また一部の日刊紙では、ヤジ禁止令の賛意と合わせて、「ミスターテロ議員」と、大々的に面白おかしく報道していただいた。

伊甫はさっそく総理に、このときの状況をご報告した。そしたら総理から、よく気が付いたねと、お褒めのお言葉を頂戴した。総理は関係者にてきぱきと指示され、ヤジ禁止法案の形でまず予算委員会に提出された。それからしばらくして、本会議でも承認された。これで国会の厳正さが、著しく向上することになったのである。

ところがしばらくして、伊甫の地元である山梨県富士川町の町会議員有志から、連絡が届いた。議会でのヤジは、議会の尊厳を著しく損なうものである。だから国会だけでなく、全国の自治体で禁止法案を制定してはどうかとの提案であった。それは伊甫に対する援護射撃の意味合いでもあったのだ。ほんとに嬉しいことである。

伊甫は総理に話をもちかけた。すると、なるほどと素直に受入れてくださった。そしてまず政権内で構想を固め、それからそろりそろりと各府県の反応を伺った。するとほぼ全体で、賛同の声が高まった。ではそれを国令とすべきか、府県単位とすべきか、さらに細かく市町村単位とすべきか、討議された。しかしこれらは実施のための方法論である。主旨はすでに関係者全員で内諾済みなのである。ヤジを送った議員と喧嘩するのではなく、その非を社会の改善のヒントに生かす。こんな発想こそ、VE手法の極意なのである。伊甫は一人で満足感に酔っていた。まあまあ一仕事やり終えたのだから、一服休むのもよいことではないか。

靖国の改革

八月一五日、今年も自民の長老格若干名が靖国を参拝した。新聞は大きな区切りではないが、事実を簡単に報道した。毎年のことであるが、伊甫はある着想を抱いていた。そして総理と近距離に居る今こそ思い切って実行に移す時だと決心した。

靖国は戦争に奉仕して命を落とした英霊と、戦争を起こした責任者が一緒くたになって祀られている。伊甫はそこに大きな矛盾を感じていた。そもそもA級戦犯とは何者なのか。太平洋戦争は考えようによっては、止むを得ない戦いだったとも言われている。ただ日本の敗色が濃くなった頃は「一億総自決」が叫ばれていた。戦地では兵士は個人の意思如何に関わらず、「玉砕」を強いられた。

しかるにA級戦犯は自決する勇気も無く、ただ米軍に首を絞められて命を落としている。この兵士と戦犯の死に方は、まさに天と地の差がありはしないか。そして両者を仲良く「神」と祀って許されるのだろうか。一体玉砕を強いられた兵士達は、あの世とやらでA級戦犯を歓迎しているのだろうか。伊甫は何としても両者を分離しなければ、兵士達が可愛そうだと感じ、義憤が湧いてきた。

こんなA級戦犯は、靖国から追放すべきではないか。「分祀」と言えば、別に祀るところを探さなければならない。しかしその必要は感じていない。だから「分祀」ではなく「追放」でよいのだ。伊甫は管総理に何度も何度も説明し、とうとうご了解をいただいた。それにA級戦犯は靖国側が誰の了承も無く、勝手に合祀したものである。したがって靖国側はその排除に無条件で協力する義務がある。

伊甫は付け加えた。靖国は「英霊」ではない。不幸にして国のため命を落とされた若者たちの「鎮魂」の場である。となれば、右翼でも左翼でも、戦争賛同者も反戦の士も、日本国民であれば男女老若全員が自由に参拝してよいのではないか。また日本がご迷惑をおかけした近隣諸国のみなさんも、「反戦集いの場」として、これまでのしがらみを捨てて、ご自由に参拝していただきたいのである。

ただ現法では靖国側の人事も措置も、嘴を挟むことができないのだ。しかし戦犯合祀のあとは、陛下が靖国ご参拝を固辞めされておいでなのだ。だから靖国の態度は言葉は悪いが、戦前の表現をお借りすれば、明らかに「不敬罪」ではないか。遺族会も右翼団体も、こんな状態を黙認して許されるものであろうか。

伊甫はここは政教分離の枠を超えて、何としても靖国職員の洗脳か総入れ替えか、断固たる処置をとるべき状況が差し迫っているように感じてならなかった。

管総理は伊甫に向って、「君はなぜそんなに靖国に拘るのか」と尋ねられた。伊甫は待ってましたとばかり、大声で答えた。

「靖国からA級戦犯を除外した暁には、与党議員全員で仲良く参拝したいと考えております。」

すると総理は、そんな合意はとても無理だよと、笑っていらっしゃった。そこで伊甫は続けた。

「これまで所属議員全員が揃って参拝するというケースは一度もありません。もしこれが実行できたら、遺族会の感触ががらりと変わってきます。遺族会も靖国も、主導権を自民から奪取できるのです。ついでに全員参拝の日は八月一五日を避けたいと思います。それは陛下の御行事と重なるからです。」

総理は「君はてっきり左翼だとばかり思っていたが、案外右翼かもしれないな」とおっしゃられた。しかし伊甫の靖国観には一理あり、総理もなんとか機会を伺おうということで、当面の話は終わることになった。

国民全員参加のゼロ運動

伊甫は国民の生活の中で、振り込め詐欺に出会った老婆やいじめで自殺した中高生或いは買物途中で引ったくりにやられた主婦などの姿を、逐一思い浮かべていた。そして憤った。何とかしてこれを減少できないものか、いやいやいっそのことゼロにできないものだろうか。これは「ゼロ・ディフェクト＝ZD」という発想で、米国のクロスビーさんが発案なさったものである。

一方QC（品質管理）活動のなかには、任意の仲良しグループが自主的に会社の局部改善に取組もうという「小集団活動」なるものがある。この活動は日本で生まれた独特の活動で、高度成長を支えてきた活動形態である。毎年全国発表大会が催されている。大規模なものでは、全社全員でQC活動に取組もうとするTQC（トータルQC）がある。TQCの優等賞がデミング賞である。主要産業の多くの企業が、デミング賞を受賞している。

前編で既述のとおり、伊甫がM重工社に勤務していた頃、M社では自社製品の欠陥続出に悩まされ、このままではお客様の信頼をなくすると、十万人の社員が全員参加して信頼を回復させようとする、信頼性向上運動（ラップ活動：説明略）を展開した。そのとき伊甫は全社推進の事務局員だった。M社はTQCに代えて、ラップ活動に取組んだものである。

QCは何となく漠然としているが、ZDは欠点をゼロにしようという極めて単純な発想である。この「ZD発想」と「全員参加」をうまく組み合わせて、なにか「どかーん」とやれないものだろうか。伊甫はここにきて「国民全員参加」という文字がちらりと脳裏に浮かんできた。そして心の底からわくわくするものが込みあげてきた。なんと自室のど真ん中で、双葉山になったつもりでシコを踏んだのだ。妻の恵子が驚いて、「あなたもいよいよ」と、眉をひそめた。

伊甫はそのラップ活動で、当時現場で推進の労をとっていただいた同志である、前原八寿之さん・緒方正嗣さん・勝代治伸さんに連絡をとった。みな伊甫がM社で全社事務局を務めた頃の同志である。官房室から旅費を工面していただき、四人は一堂に会して旧交を温めた。

伊甫はさっそく「国民総参加ZD運動」の構想を持ち出した。かつてM社で成功した全社運動を、そっくり全国民ということに置きかえることが可能かどうかというのが、話題の主体である。そして4

人は忌憚ない意見を交わした。いま日本はごたごたした世情に陥っている。この際国民の屋台骨に、強烈な楔を打ち込むことが必要ではないかと、議論ははずんだ。

ただ民間企業と国家では規模も趣旨も、根本的に事情が違うのだ。全国となったら、おそらく賛成半分反対半分になるだろう。また戦前の国家全体主義とどこが違うのかと、反発が強まることも懸念された。

とにかく活動に先立って、戦前の全体主義思想とは根底から違うことを、国民から理解していただくことを、まず第一歩とすべきだと意見が一致した。次に活動の目的が国民の不幸をゼロとしようとすることを、徹底して周知させる必要があるようだ。

また小集団活動のように、全国全員ということに拘らず、希望する地域集団に限るということで出発してもよいではないか。だから最終的には各地域の「隣組」がしっかりしているかどうかが、成否の鍵を握ることになる。こんな条件を満たすいくつかの地域でまず先行させ、そこで目立つような成果を収めたら、自然に同調者が増えてくるのではないだろうか。

民間企業なら社長の大号令で全員がさッーと、ということになるが、国家では総理大臣の命令で全員が、ということは不可能だし、やってはならないことなのだ。しかし振り込め詐欺の発生が後を断たない現状では、とにかく一度やってみる価値があるのではないかと、四人の意見は一致した。伊甫は三人に、もし具体化することになったら、是非総理アドバイザーになって欲しいと要望した。

国民の末端組織に触れてみよう。伊甫の地元山梨県富士川町には町長がいて、各区には区長がいる。伊甫が住む青柳町区には一丁目から五丁目があり、その中にはいくつもの小さな隣組があり、組長がいる。各丁目では組長会長がいて、区長と組長会長が区会を運用している。

隣組にはほぼ全員が加入している。組員は組長職の他に青少年育成会や体育委員、あるいは祭典委員などがあり、それぞれ一年交替でぐるぐる回っているのだ。だから戦前の「トントントンカラリット」とは全く異質の、平和的民主的な隣組組織が充実しているのである。伊甫の発想はこのような地域の事情や過去の活動の体験にもとづいてのもので、決して思いつきで無責任に発言しているものではない。

勿論総理や閣僚を抜きにして勝手な行動をとるなという考えもある。しかし類似の事象を実際に体験した専門家が、試行錯誤しながら初期の構想を立案することは、非常に大切なことである。企業ではこれを「たたき台」と称していて、なにか起案するときの初期の手段として、欠かせない手法なのである。「たたき台」のつくり具合が引続いての関連活動の進捗や議論の深さに、大いに影響するのだ。

伊甫は相当イメージが固まったZD推進案を、管総理にぶっつけた。そして総理のご意見で修正された原案を閣僚会議に提出された。閣僚はZDの内容よりも「国民全員参加」という表現に拘った。そんな大げさなことができるものか。第一地方自治体は野党の勢力の方が強いではないか。議論は紛糾した。

そこへ伊甫が呼ばれた。

伊甫は簡潔に説明した。

「ZDは国民の生活防衛が目的で、政争ではない。国民は趣旨さえ納得すれば、スムースに迎合してくれるでしょう。各省庁は大掛かりな事業仕分けを実施して、大きな成果をあげている。こんな成功例を参考にして、このときと同じ考えでやれば済むことではないだろうか。そんな場合過去の成功例が活動の目安になる。事業仕分けは蓮舫議員が先鞭をお付けになったこと、またこの度はM社の成功事例がある。全国のZDコンサルタントを総動員することになるが、費用はそんなにはかからないと思われます。もし野党が否決したら、我が与党の救国活動と位置付けて、単独で推進するまでです」

ついにZD構想は閣議で了承され、国会でも了承された。その主旨が明白であるため、多くの地方自治体の首長の皆さんからも賛同が得られた。世論も大いに盛り上がった。さっそく全国組織が結成され、菅総理が本部長、伊甫が顧問となった。またM社の三君は総理アドバイザーとして、時折上京していただくことになった。

本件でも国民から広く意見を求めることになった。おなじみの高額懸賞論文だ。ZDの主旨を解説した上で、特賞一千万円の論文を募集した。その財源はいうまでもなく、機密費からである。全国各地から多くの意見が寄せられた。またこの募集行為によって、ZDは裾野広く国民に浸透した。そして大いにやれという気運が全国的に高まってきた。

事務局ではさきの懸賞論文優秀者を一堂に集めて意見交換会を実施し、その結果を「親和図」に要約した。そして総理直轄の全国事務局で諸案を取りまとめた。親和図の「B形文章化」が、関係者の意思疎通に大いに役立った。

活動事項は以下の通りである。

1. いじめ自殺ゼロ運動＝小中高生のいじめ自殺ゼロを目指す

・全小中高校において、担任は年度はじめに生徒全員と面接し、いじめの構図を炙り出す。特に生徒の不登校、あるいは身体のアザを従来以上に重視する。

・自殺があれば理屈抜きで、いじめとの相関を一〇〇％と考える

・いじめ首謀者を強制転校させ、不良グループの解体を図る
・自殺の場合、いじめ関係者全員を一年間以上少年院送りとする
・少年法を改訂し、本人氏名を公表し、保護者・担任ともども公に謝罪する
・生徒、教員、保護者、教育委員会全員が「見て見ぬふり」を止める
また「見て見ぬふり」顕在化のサブ運動を展開する。
・現行の少年法は加害者の人権ばかりを強調して、被害者への配慮が薄い。廃案か根本改訂を指向する。

2. 振り込め詐欺ゼロ運動＝振り込め詐欺被害ゼロを目指す
・ATMの一回の送金限度額を一万円とする
・金融機関の窓口は送金依頼者全員を被害者との前提で入念に事情聴取する
・送金者はなるべく金融機関窓口から送金する。国庫からも若干補助する。
・事件の可能性があれば、まず振込み先の口座を没収する
・振り込め犯は通常の刑に実刑五年を単純付加する。例えば書類送検程度の軽罪であっても、これに留置五年を付加する。
・高齢者を対象に全国各地でしつこいくらい、繰り返し予防教育を実施する。とにかく降って湧いたような災難話には、まず可笑しいぞと疑う感覚を、老人全員が身に付けることを目指す。第三者に金を渡す場面が発生したら、必ず組長に事前通知し真偽を確認する。
・全国各地で住民教育を細かな集団単位で繰返し、防衛意識を定着させる。

以上二件の他に、家庭内暴力ゼロや高金利被害ゼロ等、多くの意見が見られたが、この度はとりあえず以上の二件に絞ることとした。またこれは強制ではないので、まずは希望する自治体・部落のみとした。またその成果を見ながら、あるいはひどい事態が発生して、急遽参加したいところは無条件で受入れることとした。

これらはまだスタート地点に立ったところである。これからは国民が総出となって、全国各地で話合いが進んでゆく。要するに主役は国民自身なのである。事務局はただ旗を振っているに過ぎないのだ。ここにきて各府県の「隣組」の効能がクローズアップされてきたようだ。伊甫はこの度の国民全員参加運動を通して、国民全体の意思が疎通し、戦前の国家統制主義とはまったく異質で、住民相互が連帯し、なんとなく明るいムードで一つに繋がったように感じた。

検察庁に爆弾請求

伊甫は小沢元民主代表の「政治と金」の問題に心を痛めていた。連日のように新聞テレビは進展状況を報道する。その見出しは全て「民主党の政治と金」という大きな活字に埋め尽くされていた。そのため、本来クリーンな筈の民主がすっかりダーティイメージになってしまった。そして世間からダーティ視されがちな自公が高笑いしているのである。

一例をあげると、石破議員は時期党首候補に名前が出た途端に、外国人からの献金問題が表沙汰になっている。しかし報道陣は小沢元代表が黒の方が記事にさせ易いので、石破議員そっちのけで、小沢問題に集中して検察の進行をはやしたてている。これは不公平ではないか。いや検察もマスコミも、どこかが狂っていないだろうか。

問題になっている土地はたかが四億円だ。それはもともと小澤元代表の固有の所有物で、贈与されたものでも、詐欺で誤魔化したものでもないのだ。ただ事務手続きがぎこちないだけである。こんな小さい問題を、日本国中が血眼になって追求して恥ずかしくないのだろうか。問題の規模は、田中角栄元総理の頃は一〇〇億円、金丸信元副総理の場合はざっと二〇億円だった。どうも昨今は政治家ご本人も動くお金も、すっかり小粒になってしまったようだ。そもそも本件は時効寸前のものを、検察が駆け込みで無理矢理手をつけたものである。

しかし検察は捜査進行中に、別件で致命的なミスを犯してしまった。汚職容疑で逮捕した女性局長に対し、証拠捏造の不正行為がばれてしまったのだ。というよりも石井一議員の逮捕に失敗したというべきだろう。つまりか弱き女性局長を簡単に落とし、あることないこと自白を強要し、その背後においでの石井議員をぱくろうという算段だったのだ。つまりこれは検察が描いている、小沢・石井ダブル作戦だったのである。しかし「二兎を追うものは一兎も得ず」という。検察は大魚を二匹釣り落としてしまった。そして検察の違法捜査だけが、鮮明に炙り出された。

この過程で一番損をしたのは、民主党である。検察の失態が報道されても、一度国民に深く根付いた負の印象は、容易に拭い去ることはできないのである。伊甫はなんとか国民の民主政権に対する感覚を、一新しなければと感じた。何かよい案はないものか。ここにVEでは「ブレーンストーミング」というアイデア創出の手法がある。

これは数名の仲間が集まってまったく出任せのアイデアを次から次に出し合い、その中から偶然「これは」という貴重なアイデアを見出そうとするものである。一般に一〇〇〇個のアイデアからせいぜい三個見つかれば上々とされている。俗に「千三ちゃん＝センミッチャン」と呼ばれている。伊甫は仲間何人かとこれに似た議論を交わした結果、とんでもない暴案に辿りついたのである。

もう一度検察の挙動を総括してみよう。問題の土地は小沢元代表個人の所有地で、贈与されたものでも詐欺で入手したものでもない。ただ手続きに不透明な箇所があるだけである。それを検察は世紀の汚職事件でもあるかのごとく振舞った。「なぜ民主だけに辛いのか」世論の問いかけを誤魔化すように、さる自民の議員を逮捕した。そして形式的に尋問してほどなく釈放した。その次に女性局長問題だ。

ただこれだけのことに検察は全勢力を注ぎ込んでいる。それは冷静に観察すれば狂気の沙汰としか言いようがないではないか。すなわち、この度の一連の行為は、「検察正義」ではなく「個人的な遺恨」である。世の中の重大な犯罪行為の撲滅に注ぐべき大切な人的資源を、ただ遺恨のために小さな特殊な問題だけに浪費してきた。こんな暴挙を断じて許す訳にはゆかないのである。そこで伊甫はとある考えを管総理にお伝えした。総理は頭から否定された。しかしすっかり根付いてしまった民主政権の悪評を回復させるには、「ショック療法」しかないのである。

伊甫は管総理に訴えた。

「この次の選挙は意外に苦戦するかも知れません。だったら座して死を待つより、いっそ大暴れしてみようではございませんか。思い切って国民の皆さまの度肝を抜いて差上げましょうよ。」

ただここに基本的な課題がある。たしかに検察は小沢元代表を追及したが、それを大げさに報道したのはマスコミである。しかも最終的に小澤元代表は不起訴になっている。恨むべきは検察なのかマスコミなのか。でも根源はやはり検察庁にありはしないか。いろいろ迷うところではあった。

伊甫の熱意に総理は促された。その提案とは「民主政権は検察の不当捜査で手痛い損害を蒙った。よって検察庁特査班に対し賠償金一〇〇億円を請求するものである」といった趣旨のものである。しかし内容が内容だけに、いきなり政権が表に飛び出さない方がよい。そこであくまで伊甫の私案という形で記者会見し、世論の反応を問うことにした。

マスコミは大反響だった。そしてこれまで小沢元代表に当てられていた記事が、その反動で、今度は一転して検察に非難の目が向けられた。そのため世論調査では大多数から、「伊甫やれ」のご賛同をいただいた。

もともと総理も伊甫も賠償金が入手できるとは思っていなかった。世間を喜ばせ、政権のイメージが修復できれば、「検察に反省の色顕著なり。よって訴訟を取り下げる」という幕引きを考えていた。実際に訴訟は起こさなくても、伊甫の爆弾記者会見で世間を大騒ぎさせることができて、失地回復の効果は十分うることができた。

愉快なN7教育

伊甫はあるとき、N7（＝新QC七つ道具）手法が自分の秘策だけではもったいないと感じた。ぜひ多くの人々に普及させたいものである。

そこで一つにはプロ野球の主成分分析を、高校生に向けて発信したいと考えた。ただ社会人だと夏休みでもよいが、高校生だと普段の日の方が人は集め易い。そこで伊甫は文科大臣を通して都内トップクラスの三校に参加を打診した。時期はプロ野球のシーズンが終了した直後とした。その年のプロ野球を、すぐさまサカナにしようというのである。会場は日比谷公会堂を選んだ。講師は伊甫単独である。

三校では伊甫の構想に全面賛同していただいた。そして約二千人の生徒が一同に集められた。開講に先立ち、人気歌手に灰田勝彦の「野球小僧」を歌っていただいた。会場のムードが最高潮になったところで、伊甫の講義がはじまった。それはN7手法の一つ、主成分分析の散布図を活用するものである。

まずセリーグの打撃三〇傑の散布図である。横軸は「打率・打点・ホームラン・四球」等を総合した複合の感覚をもつ、第一主成分である。それが一口でなんと表現されるか、分かり易いニックネームをつけると、理解されやすい。そこでこの軸を「主力打者」と表現した。散布図で右サイドに散布されるほど、主力打者として貢献したことになる。反対に左側の選手は、不本意な一年だったことになる。散布図には一選手一点でプロットされている。

次に縦軸は「盗塁・得点・三振」を複合する第二主成分である。ニックネームは「尖兵打者」とした。これは上方に散布される選手ほど盗塁と得点が多く三振が少ない。つまり、尖兵打者として貢献したことになる。従って散布図の右上に位置する選手は、「よく打ちよく走り」、最優秀打者となる。それがリーグ優勝チームの選手であれば、当然MVPの候補になる。それは野球評論専門家の議論以上に、科学的に正確に功罪を論ずることができるのである。それがこの手法の特徴だ。とにかく分析対象範囲に限っていえば、専門家と対等以上に発言できるのである。だからこの講義の時間帯に限り、伊甫は一人前の野球評論家なのである。

ある選手は右下最下位に位置した。元データを調べてみると、この選手は確かにホームランと打点は多いが、三振も多い。また盗塁がゼロだった。受講生徒の一人から「この選手は内野ゴロを打った時、一塁へ全力で走らない」との情報が寄せられた。なるほど数理的なこの散布図からも、そんな選手像が浮かび上がってくるのである。

こんな調子で、セ・パ両リーグの「個人打撃・個人投手・チーム打撃・チーム投手」の分析結果が報ぜられ、高校生達はしばし熱気に包まれた。この手法は論理的に正確な選手評価ができる。それは高校生一人一人がこれまで目を通したどのスポーツ記事よりも、単純明快な論評だった。受講生達は感動に萌えながら席をたった。

伊甫は引き続き、愉快なN7手法の教育を試みた。対象は社会人であるが、内閣官房室から、一部・二部上場の全社に対し、開催案内を送付した。また世間一般にもPRした。会場はやはり日比谷公会堂を選んだ。お陰様で満員の盛況となった。講師は今回も伊甫単独で、テキストは伊甫執筆のものである。文献は「N7手法教育普及のための基礎事例作成」(秋田高専研究紀要・一九九三年第二八号)

このテキストは、古賀政男作詞作曲の名曲「影を慕いて」を題材としている。失恋自殺未遂から一転名曲誕生までの作者の目に見えない「心の悩み」をN7手法によって顕在化しようとするものである。おそらく全国ではじめての「カラオケ論文」であろう。例によって、開講に先立ち有名歌手に本曲を歌っていただいた。また余興として、なんと伊甫も同歌をみなの前でうなったのである。

まず古賀はなぜ悩むのか、また悩む意味があるのか、いろんな視点から「だから悩むのだ」「だから悩むのだ」と、いろいろな視点からそれを「三段論法」で、悩む理由を整理した。そして「連関図」にとりまとめた。つまり第三者に、たしかに悩む理由があるなと、しかも何故悩むのか、一目瞭然なものにさせたのである。

次にその悩む内容を丁寧に一件一件一葉にごたごたと書き延べ、似ている意見ごとにグループ分けし、それを逐次集約した。そして「親和図」にとりまとめた。つまり「連関図」では何故悩むのかを明確にし、「親和図」では、その悩みの内容の全体像を明らかなものにしたのである。一般に古賀の心の悩みは誰も目にすることはできない。ところがこの二つの手法によって、古賀の目に見えない心の中の悩みが浮き彫りにされてきたのである。

既述のとおり、「親和図」を「A形図解」という。この図の中に登場する用語をうまく繋ぎ合わせると、まずまずの文章ができあがる。それを「B形文章化」という。それは散文詩のようなもので、古賀の当時の情景が浮き彫りにされた。

そしてその大元の悩みから順次小さな悩みまで、系統立てて「系統図」に整理した。すると悩みは大きく三グループに分けられた。すなわち先ず失恋苦にもだえる自分、次にギターを弾いて気を紛らわす自分、最後に不幸な星の下に生まれたと悟る自分だ。驚いたことに末端の悩みを連ねると、本曲の歌詞一番・二番・三番にすごく似てきたのである。伊甫は作者の心の闇が明るみにされたと、この論文の成果を確認した。

次に「主成分散布図」では昭和の各名曲との比較を論じた。昭和五〇年ごろ、NHKで調査した「昭和の名曲」においては、第一位が「青い山脈」で本曲が第二位だった。伊甫は上位二二曲を取り上げた。そして内容が幸せか不幸か、主役は若いか年寄りか等一三項目で五点評価を行なった。それを散布図にあらわしたのである。

その結果各曲の位置付けが明らかになった。この散布図は距離が近いほど似ていることを意味している。本曲に接近して美空ひばりの「悲しい酒」がプロットされた。これは両曲がイメージ的にすごく似ていることを示しているのである。

ところで音楽の評論家に、「〝影を慕いて〟と似ている曲はどれでしょう」と質問した場合、「それは悲しい酒です」と、即座に返答が返ってくるものだろうか。おそらく「さて」と、ちょっと戸惑いするのではないか。それを考えると、散布図の技術を身につけていれば、一流の音楽評論家並の言動が振舞えると、納得していただきたいのである。

文献はこのあと、「マトリックス図」「PDPC図」「アローダイヤグラム図」へと続くのであるが、説明を割愛する。興味あるお方は、さきの秋田高専研究紀要をご笑読願いたい。

参加者はほぼ全員が「QCは難しいと思っていたが、こんなに楽しいものとは感激した」との感想であった。伊甫は多くの受講生を呼び寄せることができたことで、政権関係者に感謝した。伊甫はこれら一連の愉快な講習会を経て、政権と国民がますます深く結ばれてゆくことを実感した。

余興としての提案

本書もそろそろ終局となるので、気晴らしのつもりで愉快な夢物語の提案をさせていただきたい。

伊甫は政権に依頼して、無理に一度魚釣島に足を踏み入れてみた。そしてしばらく島の周囲を散策した。あちらこちらで可愛らしい山羊が、草を食んでいた。しかし伊甫の心は冴えなかった。おそらく一〇〇年ほど昔、山羊は数頭が非常時の食料にと放たれたものであろう。それがこんなに増えてしまった。

これからどうなるのであろうか。品質管理＝ＱＣの一分野であるＮ７手法のなかには「ＰＤＰＣ」という手法がある。詳しい説明は避けたいが、要するに近未来の進展を素早く読み取り、それを流れ図にまとめるというものである。

この場合「幸福な終着点」と「不幸な終着点」を予め設定するのがポイントである。そして「ああして、こうして、ああなって」と、事態の進展を想定しながら明記してゆく。それが全体として近未来の進展を予想することになる。そして関係者は、それが不幸になる直前にそこを断ち切る議論をするのである。もし不幸が「製品の赤字」であれば、企業の赤字発生を未然に予防することになる。だからＰＤＰＣ法は企業の赤字予防の秘策ということになるのである。

その前に「どんな不幸が起こり得るのか」を察知することが肝要である。その感性によって、手法の効能は大きく左右されることになる。伊甫はＱＣ屋であり、Ｎ７の専門家である。したがってＰＤＰＣの本質も心得ている。だから人の不幸、いや、山羊の不幸も敏感に察知する能力は一人前である。では山羊の不幸とはなにか。それは増殖が過ぎて餌不足になり、集団餓死の恐れがあることだ。

次にこの対策には何があるだろうか。これからの手段を見出すのは、ＶＥ発想の領域である。一つには島全体を自然放置型の牧場と考えることだ。そして山羊乳を搾取したり、山羊肉を生産したりするのである。問題は牧場効率と輸送費であろう。

しかし伊甫は島を徘徊しながら、とんでもない着想に辿りついた。そして急いで帰京すると、管総理のもとを訪れた。伊甫は総理を神田の大衆酒場へご案内した。こんな話をするのは、こんな場所がもっとも相応しいと考えたからである。伊甫はほどよい酔い気分になったところで、総理に仰天提案した。

「総理、このままでは魚釣島の山羊は増えすぎて全滅です。何らかの減量策戦が必要です。そこでですが、虎を牡・雌二頭ずつ島に放ちませんか。丁度山羊の増える数と減る数がバランスいたします。」

総理は質問した。「では将来虎が増えすぎたらどうするんだ」

伊甫は答えた。「今世界的に野生の虎の存亡が危惧されています。虎が増えすぎたら、インドはじめ世界中に提供してはいかがでございましょうか」

しかし総理は、はたして閣僚や海上保安庁が承諾するか、半信半疑であった。反対に伊甫は楽観的だった。島では虎と山羊が共存共栄をはかる。そこにうごめく日本と台湾・ホンコンと中国が共存を図ることができたら、人も動物も、みな幸せになれるのではないか。勿論日本も中国も、海洋開発は棚上げである。

南シナ海での中国の行動を拝察すると、目的はあくまで海洋資源で、しかもそれを独占しようとするから、近隣諸国と摩擦を生じているのである。魚釣島では絶対にそんなことは許さない。仮に豊富な地下資源が発見されても、日本がそれを独占する気持ちはない。それはともかく、虎と山羊の自然環境保持が最大の優先事項なのである。

伊甫はこのびっくり仰天の案が、国民の理解をいただき、議会で承認されるものと確信している。

歌を振りまく総理代行

伊甫は総理代行として、ＶＥやＱＣ等の経営改善手法を要所で駆使してきた。自分は政治家としてのポテンシャルはゼロのど素人である。だから一般の政治家に不足している分野で特技を発揮し、辛うじて存在意義を保ってきた。伊甫にはもう一つの裏技があった。それはこれまでちらとは触れているが、カラオケである。伊甫はこれを存分に発揮した。

昭和一〇年代に秋田県からは、東海林太郎と上原敏の二大歌手が輩出された。上原敏は昭和一九年に南方方面で戦死している。しかし地元大館市では今でも根強い人気が絶えず、毎年夏になると「上原敏を偲ぶ会」が催されている。伊甫は政権の力を若干拝借して、自らを歌手とすることを試みた。勿論入場料は無料、諸経費もすべて政権サイドの負担である。これだったら人が集まってくるだろう。運用金は例によって総理の機密費におすがりすることとした。

上原敏の代表的な歌は「流転」「妻恋道中」「鴛鴦道中」「裏町人生」「いろは仁義」「波止場気質」「上海便り」とあるが、伊甫は悉く歌いこなすことができるのである。伊甫は根からの上原敏ファンである。この中にはデュエット曲があるので女流歌手一人の応援が必要である。ついでに女流歌手に何曲か持ち歌をうたっていただく。また脇役として踊子も登場させる。とにかく予算はなんとかなるのだ。伊甫はフィナーレとして、「東京音頭」を賑やかに演出させることを、脳裏に描いていた。

伊甫は「よし、いける」と判断した。そして「歌う政治家」として、仰天デビューしたのである。興行の題名は「伊甫、上原敏を歌う」とした。伊甫がこどもの頃は山梨県の地元の青年団が手前味噌にて「演芸会」を実施していた。歌も踊りも寸劇も、すべて自身によるものである。見物料はすべて無料である。いつも秋深く稲刈りが終わった後、農家の田んぼを借りて小屋を建て、地域住民にサービスしていた。

伊甫はこの度の計画は地域住民に対する無料奉仕と位置付け、あまり難しいことは考えずに、昔の

「演芸会」を思い起こしながら、淡々と実行したのである。会場は勿論上原敏の出身地である大館市である。幸い会場は満員になった。伊甫は自分でも感心するほどよく唄うことができた。助け舟の女流歌手も伊甫を優しく補助してくれた。踊子も調子をあわせて舞台を盛り上げた。観客はみな満足した様子だった。

伊甫は一度総理名代として渡米した。米要人と親しく意見を交わすことができた。それと前後して行なわれた日米市民による歓迎会の席で、伊甫は「コルト45」を歌った。これは昭和三〇年代の米国テレビドラマの主題歌である。歌詞は「荒れた西部の町から町へ　明日を知らない夜が来る」とはじまっている。

この歌を知っている米国国民から、熱烈な握手を求められた。政府の要人が歌をふりまくとは、まったく珍しいできごとだ。でも交歓会は盛り上がり、日米親善を深めることに成功した。

伊甫は次にサンフランシスコの中国街を訪れた。そして太平洋戦争で多大なご迷惑をおかけしたことを謝罪した。伊甫は同伴した妻恵子共々、集まった人々の前で土下座になり、深々とひれ伏した。その上で余興に渡辺はま子の「サンフランシスコのチャイナタウン」を歌って、友好増進に努めた。演壇の天井には「日中友好親善」の垂れ幕を用意したことはいうまでもない。

伊甫はまた英国も訪問した。エリザベス女王陛下は競馬に造詣がお深いので、伊甫は英国に親しみを感じていた。そして会う人ごとに好んで競馬にちなんだ話題を持ち出したのである。

伊甫はこの地でも日英両国民のために開催された晩餐会の席上で、両国の友好を結ぶ歌を披露した。一つは英国の代表的な民謡「ロンドンデリーの歌」である。歌詞は「若い日のあの思い出は　今もなお忘られぬ」からはじまっている。次に小畑実の「ロンドンの街角で」を歌い、両国の親善を祈念した。

伊甫はカラオケ六段を自称しているから、「ロンドン」をキーワードにすれば、それなりに何曲かの歌がすらすらと浮かんでくるのである。しかし「演歌外交」とは、まさに奇想天外な進展であった。でも、米国でも英国でも国内大館市でも、まずまずの成果を収めることができたようだ。まさにど素人の漫遊外交である。

伊甫はこどもの頃の童話の一節に「心に太陽を、唇に歌を」とあったことを思い出した。そして国内外に難問山積のいま、将棋の乱戦局面に似た世の中を、カラオケを口ずさみながら明るく楽しく渡り歩こうと心に決めた。

伊甫の頭脳はやけに冴えていた。そして感情の赴くままにもう一度渡米し、ロスアンゼルスへ飛んだ。そして検察当局に面会を求めた。先年のこと、三浦被告は拘束中に自害した。それは白石千鶴子さんに関連したものだと伺っている。三浦被告を観念させた証拠とは何か。それを一〇〇〇万人ともいわれる日本のサスペンスドラマファンのために、米当局の英断によって是非とも公開して欲しいのである。伊甫はその事実をもとに、被告は観念した自殺だったのか、それとも不審死だったのか、判断したい所存である。

このとき「ドスン」という鈍い銃声が聞こえ、伊甫の大腿部を貫通した。伊甫は空を掴んで、ばったり倒れた。

あとがき

長い夢から覚めて

米長伊甫は銃弾を浴びたことを自覚した。しかしここで死ぬわけにはいかぬ。なんとしてでも生き延びたい。そんな思いで空を掻き毟った。ところがである、ちっとも痛くないではないか。おかしい。ひょっとしてこれは夢ではないか。そう思った途端に目が醒めた。そして「米満伊甫」から、「米長伊甫」に戻った。

いやいや、これは全て夢だったのか。それにしても長い夢だった。世の中には人間が日常常日頃強い願望を抱いていると、半日くらいの長時間、夢遊病者のように半仮眠しながら、願望を実現することにちなんだ夢を見る、というより連想が継続することがあるという。この度の「伊甫劇場」はその類のものだったのではなかろうか。

それにしても昨今の政治情勢はなんとしたことか。安倍自民党は建設国債を発行するというが、その前に八〇〇兆円の借金返済はどうするつもりなのか。また野田総理は自民の「負の遺産」に苦しめられてきたとおっしゃるが、何故はっきり「八〇〇兆円」と明言なさらないのか。そして何故その負の遺産を拒否できなかったのか。また自公の責任を追及できなかったのか。ここで自公に対し解体解散を詰め寄ることもできたのではないか。民主若手議員の中に、総理にこんな智恵を授ける勇士はいなっかたのだろうか。

小沢元民主代表は四一兆円も赤字を出しながら、何故それを謝罪せず、増税反対だけを叫ぶのだろうか。消費税五％を堅持して国民の生活を守っていただくことは非常に立派で有難いことだ。でも巨額の財政赤字で日本が倒産してしまっては、元も子もないではないか。伊甫はいくら力説しても、消費税と財政破綻と、どちらが国家重大事か理解していただくことができなかった。

小泉Ⅱ世も一口でいいから父親が政権担当五年間に発生させた借金二〇〇兆円を謝罪して欲しいのである。しかしどの候補も原発だのＴＰＰだのと、空論を重ねるばかりで国家緊急の大借金をどうするか、誰一人言及する者がいない。マスコミも国民も一番肝心なことから、みな逃げている。

仮にこれまでの民主政権から自公政権に逆転した場合、自公政権が国民を守るためにまずやらなければならないことは、国家財政赤字をどこまで増やし、いつから減少に転じ、いつごろまでかかって返却できるのか、その青写真を国民に対して提示することである。そしてマスコミが勇気をもってそれをうながすことである。残念ながら民主政権は消費税に振り回され、それを明示できないままに推移している。

仮に自公が政権を奪取し、その先でまた民主党が再逆転することがあったら、まず前回の政権担当時代に財政赤字を手付かずとしたことを国民に詫び、その時点で自公の赤字抑制が無放任であれば、今度こそ自公に対し断固たる断罪を実行して欲しいのである。もし皆がおじけづいて誰も手を染めようとしない時は、夢ではなく現実の問題として、この伊甫を「懲罰委員会委員長」にご指名願いたいのである。

もっとも自公を選び政策を容認したのは国民だから、最終責任は国民ということになるのだが。

ＴＰＰの農産物関連の話であるが、伊甫の郷里、山梨県富士川町青柳町では、広々と展開していた田んぼが悉く消滅し、スーパーや高速道路に変身している。この農地の著しい減少に対し、地元ＪＡは一言も小言をいうのを聞いたことがない。これは山梨県に限らず、富山県をはじめ多くの府県に共通の現象だという。では日本の食糧自給はどうなるのであろうか。近い将来予想される世界食糧危機に対応できるのであろうか。またＪＡは国民の食生活を守れるのであろうか。ともかく現状では、とてもＪＡにはＴＰＰ反対を連呼する資格がないのではないかと感じてならない。

いずれ世界全体が食糧危機になる。だから日本でも「遊休ゴルフ場をサツマイモ畑に変身させろ」というような非常時対策の研究が必要になってくるだろう。

医師会はなぜＴＰＰに反対するのか。美人の産婦人科医にじゃんじゃん入国してもらったら、医師不足は解消ではないか。日本は深刻な少子化傾向に悩まされている。だったら全自治体に手厚く産婦人科機能を充実させるべきだろう。政治家もさることながら、日本医師会自体、もっと親密に国家にご奉仕すべきではないだろうか。いま日本は医師不足ではなく、首都圏に偏っているだけだという。それを解消させ過疎地対策を発案することこそ、目下最大の仁術ではないだろうか。医師は医術を磨く前に、健全な人間でなければならないのだ。（学友中村桂子さんのお言葉借用）

また東京都は保育園が二箇所不足だという。だったら二社に限ってではあるが、海外から保育園を輸入したらよいではないか。このような簡単にできる筈の施策を、国も都も一向に決断しようとしない。そのためには保育所とはなにかという細かな制約条例を、一旦ぶち壊してはどうだろうか。また保育園には細かい規定が満載されているという。真に必要なものだけを採用し、あとは大まかな簡易保育園を容認する方向に進むべきだろう。

それから南鳥島近辺の海底にレアアース発見とのことであるが、開発はすでに着工しているのだろうか。こういうことは急いで欲しいのである。また国内の全家屋に太陽光発電装置を負荷したら、電力はどの程度カバーできるのか。試算を急いでいただきたい。

それと定年退職した公務員に対して、天下りは自由に歓迎して給与だけを一〇万円程度に制限させ、退職金をゼロにするという法案が、なぜ提出できないのだろうか。社民党も日本共産党もなぜこのことを指摘しないのであろうか。小数野党だからこそ、このような思い切った提案が望まれるのである。浪費だけを押さえ、有能なOB公務員を活用することは、大きな国益だと思われる。また善良な公務員OBは、こんな制度を望む者が多いのではないか。

伊甫はふとM重工社本社ビルの爆発被害を思い浮かべた。たしか昭和五〇年頃のことだった。M社が爆破魔に狙われたのである。伊甫が昼休みの散歩から会社の表入口を通って、二階事務所に戻ったとき「ドカーン」という鈍い音が聞こえた。次の瞬間大きなガラス窓全体に亀の甲のような小さなヒビが入り、それからそのガラス片が四方へ飛び散った。一部は窓際の席の社員の額をかすり、その対面の伊甫の机で大きくバウンドし、一番奥にいた女子社員の唇を切った。幸い職場に重傷者は出なかった。

爆弾は伊甫が通った正面入口脇に置かれていた。この間僅か二〜三分の誤差だった。警察から「現場を思い出せ」と何回も尋ねられたが、はっきりした記憶はなかった。しかしあの時命を落としても、不思議ではないのである。伊甫は悟った。

「そうだ、一度死んだ気持ちになって頑張ろう。そしたら自民も公明も、どこも恐れるものはない」

日蓮聖人のお告げに想う

伊甫は日蓮宗の信徒であるが、いま聖人は日本の危機を危惧されていらっしゃるのではないか。また夢の話で恐縮であるが、伊甫はそんな暗示を頂戴した。

日本の原発はすべてストップしたままである。そのため火力発電の需要が高まり、その燃料費が国際収支を圧迫している。天然ガスは輸出国から足元を見られ、他の輸入国よりも一段と高い価格を強いられているという。でも輸出国は日本がこれまでODAで手厚い援助をしてきた国ではないか。だから謝礼を要求するわけではないが、いまの日本の危機を手助けいただくのが筋ではないか。だから国を挙げて価格交渉を強固に押し進める時期ではないだろうか。日本は余りに弱腰だ。これでは折角円安になっても、産業界は競争力を失ってしまうことになる。

これらの結果、日本の貿易収支は赤字が徐々に拡大している。「広瀬中佐」の歌詞ではないが、日本丸は次第に波間に沈みつつある。日蓮聖人はかつて北条時宗公に対し、蒙古襲来の危機を訴えられたが相手にされず、佐渡に流された。ところが架空と想われた話が現実となり、改めて聖人の偉大さが認識された。今も当時と同様に、聖人が安倍総理に対し、非常体制を採るよう呼びかけられておられるような気がしてならないのである。

日本は貿易赤字と財政赤字を抱えているが、政権から具体的な施策が全くない。しかしその赤字は刻々と国家沈没の危機を高めている。一〇〇〇兆円とも八〇〇兆円とも言われている国家財政の赤字を、いつからどうやって返済に向うのか、もう具体策を示さなければ、国家崩壊である。具体策が示されなければ、与党は責任をとって政党解体・議員の資産没収ではないか。

聖人は政権にその覚悟をもって、至急具体策に及べと絶叫されている。例えば消費税を一〇%として、そのうち何%を国債償却に振り向けるのか、不退転の決意で臨んではいかがであろうか。ここは国家非常事態を宣言し、国債利子を完全にゼロとし、償還期日を六〇年から一二〇年に長期分割という作戦も考えられる。ただ国際法がどうなっているかである。日本は準倒産国だと宣言し、勿論ODAも完全に廃止である。どこまで施策を施せば借金地獄から抜け出せるのか、いまこそ政権もマスコミも国民も、総力を挙げて取組む時期にさしかかっているのだ。

エネルギー問題も、このままでは火力燃料費が嵩んで国家倒産である。となれば一〇年なら一〇年と期間を区切っての話であるが、やはり国家非常事態を宣言し、即時原発の再稼動を指令したら如何であろうか。勿論老朽原発を除外しての話である。現状は原発を再稼動するのかどうか意見が交錯しており、それが決まったところで次は住民の意向とやらを調整しなければならない。こんなことをやっていたら、すぐ一〇年は過ぎてしまう。それに温室ガス発生抑止問題では、提案国どころか、一転して責められる側に転落している。

原発稼動の事業税は特定の狭い地域の自治体だけでなく、広域住民、例えば所属する府県の住民にばらまいたら、多数の賛同が得られるのではないか。とにかく化石燃料の輸入代金を節減しないと、日本はやっていけない。この間風力や太陽光の開発普及も急務である。そして発生させた電力を安心して買ってもらえるシステムを、至急構築しなければならない。

一方原発反対派の意見も大切であるが、化石燃料費の高騰をどう考えているのであろうか。例えば「自分達は暖房も冷房も我慢して耐乏する。徹底した節電に励むから原発は止めて欲しい」と、こんな愛国発言はまったく見られないではないか。暖房も冷房も快適な文化生活を享受したうえで、ただ原発反対だという自虐行為は避けて欲しいものである。

日蓮聖人は決して原発推進派ではない。ただ賛成にしても反対にしても、理を通すよう、伊甫に夢の中で囁かれていらっしゃるのである。そしてなによりも政権が今すぐに非常手段を採らなければ手遅れだと、憂慮されておられるのである。

韓国船が沈没の危機に直面した時、管制官は今すぐ救命処置をとるようくどくどと指示したが、船長は「海に飛び込んだらいつ助けてくれるのか」とか、理屈ばかり唱えていて一向に実行しようとしなかった。この間船は次第に波間に沈んで行った。

伊甫はこの時の管制官が日蓮聖人で、船長が安倍総理のような気がしてならない。聖人は悲痛の思いで国家非常事態を警告されている。それは北条時宗公に対するお気持ちと、まったく同様である。これに対し安倍政権は、国債赤字削減に対しても貿易赤字解消に対しても、一向に実効ある具体策に取り掛かろうとなさらない。しかし日本丸は刻々と傾きかけている。「早く非常事態を宣言せよ」という聖人のお言葉が、伊甫の耳に響いている。

「アベノミクス崩壊して借金だけが残った」と、こんな世の中にならないよう、国民が総力を挙げるべき時期が到来している。補足すると、日本の平均株価はアベノミクス初期の頃一万四〇〇〇円から出発し、一万六〇〇〇円あたりまで上昇し、また一万四〇〇〇円まで戻る。こんな現象が三回も四回も繰返された。その後世界各地で金融緩和策が採られたため、日本の株価は高騰傾向に進んでいる。ただ世界的にバブル状態となったら、その時点はハッピーとして、そのさらに後はどうなるであろうか。また円安株高は、笑う企業と泣く企業、笑う人間と泣く人間の二極化に進むことを憂慮しなければならないだろう。

ただ公的年金資金の参入は大丈夫だろうか。株は波動だからいずれ浮沈を繰り返す。負の状態になったとき、素早く逃げ出せるのか心配である。損をしても誰も責任をとらないのだから、ヒヤヒヤしている。

日常の話題に関連して

このところ紙面を賑わしている、二、三の話題に触れてみたい。

まず総理や閣僚の靖国参拝であるが、このことで中韓から攻撃されている。これに対し、国内世論は賛否五分五分といったところである。それをマスコミが伝えている。伊甫から見たら、この現象は実りのない幼稚園ごっこと映っている。

紛糾の根源はA級戦犯の合祀である。国民に一億玉砕を指示しながら、自らは自決する勇気が無く、米軍に首を絞められて命を落とした。こんな卑劣な人物を神として祀っているところに誤りがあるのだ。そもそも当初はA級戦犯は存在しなかったのだ。それを靖国神社関係者が無断で合祀した。だから神社関係者はA級戦犯をまず分祀、いや分離していただきたいのである。分祀というと、またどこかで祀らなければならないからだ。とにかく神社関係者の行為は、陛下にご無礼千万である。

またこの行為は、ドイツがヒトラーを神として祀ることと同義である。こんな例と比較すると、現在の日本のおろかさが浮き彫りにされるだろう。

本来なら時の政権が政教分離の枠を超えて、直接指示すべき課題である。すると民主党政権はなぜこれを実行しなかったのか。また社民党や日本共産党などの革新政党は民主政権に提案できなかったのか。野党に再び政権担当の夢があるのなら、「靖国」から逃げるのではなく、正面から取組んでいただきたいのである。それなのにただ靖国参拝反対だと、わいわい騒いでいるだけでは、根本解決にはほど遠い。伊甫はこの状態を「幼稚園ごっこ」と評したものである。

「A級戦犯を分離する。その上で与野党全議員が靖国を参拝する。」

こんなすっきりした態度がとれないものであろうか。そしたら中韓につけいる隙はないのではないか。

品質管理（QC）のことで、思い出したことがある。それは東京電力社のデミング賞である。この賞は社員全員が自社の品質向上のため、また顧客の利便に奉仕のため、その優等生としての金字塔である。しかしこの度の原発事故への対応には、活かされてないのではないか。だから私見で恐縮であるが、この際デミング賞に再挑戦し、それを契機に社員の気分一新と結束固めを企図されてはいかがかと、提案させていただく次第である。とかく技術・世情の移り変わりは激しい。だからこの際デミング賞は三〇年で更新といった発想が求められているような気がしてならない。

それから野生動物キョンの異状繁殖問題を取り上げてみよう。キョンは千葉のレジャーランドで飼育されていたものが、いつの間にか野生化し、今は千葉県下でなんと推計二万一〇〇〇頭ほど生息しているという。その食害は目に余るものがあるという。発生源の市長は、まずこれまでの放任の責任を二重三重に謝罪すべきである。そして市に所属する猟友会員全員を招集して、その駆除に取組んでいただきたい。もはや動物愛護だなんて、かっこいい言葉は通用しないのである。

この問題は一市長の手に負える問題ではない。おそらく千葉県知事のご出馬が必要になってくるだろう。それも自衛隊に全面依存しての話である。キョンを駆除した後の肉は日本人が食べてくれたら、大助かりである。それと食糧不足にあえぐ海外諸国へ無償でじゃんじゃん輸出したらどうだろうか。また動物園の肉食獣のエサとして、活用できないものだろうか。

キョンの問題は人の前立腺癌に例えると、分り易い。すなわち前立腺を千葉県、ガン細胞をキョンだと考えるのである。ガンは前立腺から全身へ転移すると、人は命を落とすことになる。キョンが千葉県から飛び出して異常繁殖を続けると、やがて日本列島全体が大事な自然環境を破壊されることになる。なんとしても千葉県を越境させてはならないのだ。千葉県は知事以下全県民が結束して、対処していただきたいものである。

キョンは日本の財政赤字にも例えることができる。かつて赤字が一〇〇兆円に届こうかという頃に、時の自公政権がなんとしてもこれ以上の増大を阻止しようと努力していたら、日本はこんな状態に追い込まれることはなかったのだ。赤字一〇〇兆円とは、今千葉県内に限られているキョンの状態である。それが一〇〇〇兆円を越えたとは、キョンが全国規模で繁殖した状態をいう。少しくどいようであるが、キョンはなんとしても千葉県内に留めて欲しいのである。

こんなことを論じている間にも、キョンはどんどん繁殖している。もはや一刻の猶予もならないのだ。千葉県知事は早急に非常事態宣言を、いやいや非常手段の実行を命じていただきたいものである。

ごく最近安倍政権は公務員給与を七年ぶりに引き上げると発表した。その発想は逆ではないか。日本は巨額の財政赤字を削減するため、固定費の一部である公務員給与を削減すること、つまり二%アップではなく、二〇%ダウンではないだろうか。

またさる電力会社は、太陽光発電の買取を拒否した。これは国家体制の不備露呈である。クリーンな発電は奨励し、火力発電を削減して燃料費を低減させ、貿易収支の改善を図らなければならないのだ。このような処置が直ちに採れないのは、政治家も官僚も、真の愛国心が欠落している証左だと憂慮している。伊甫は現在の国情を憂慮しつつ、筆をおくこととする。

おわりに

伊甫は管総理との愉快な二人三脚を、懐かしく思い浮かべるばかりであった。民主党政権は交替することになるが、本書は誰が政権を取っても「内閣総理大臣かくあるべし」「政権与党かくあるべし」「マスコミかくあるべし」「国民かくあるべし」の道しるべを提起したものである。

民主党政権は自公との政権交代に際して、八〇〇兆円の負債を無条件で受入れた。そして自公に対し、国民への謝罪を要求せず、返済計画の明示も求めなかった。それどころか自身も赤字国債を増幅させた。

民主党政権は国会議員改革にも国家公務員改革にも、一切手を染めることはなかった。また事業仕分けも蓮舫議員の単なるパフォーマンスに留まり、各省庁が大きな経費削減に取組むこともなかった。こんなことを続けていたら、国民から見放されるのは当然の結果である。

全国で一千万人ともいわれる民主党支持層は、このことを冷静に受け止めていただきたい。そして一日も早く再生の道を模索して欲しいのである。ポイントはこれまで自公が積み残した国家的改革の諸案を、論理的に、総合的に構築し、国民にはっきり明示することである。本書の提案をその参考にしていただきたい。でももたついていると、他の政党に頂戴されてしまうだろう。

ただし、本書は民主党だけのものではない。本書は広く国民全体に訴えるものである。国民のお一人お一人が是非とも本書をご愛読いただき、各自が「自分ならこうして日本の危機を救う」という確固たる信念を身につけていただきたいのである。

そしてこのことこそ、本書が最終的に意図するところである。本書が国民の前進に少しでもお役に立てれば、望外の悦びとするものである。

著者紹介

米長伊甫（本名：泰）（よねなが　いすけ・やすし）

1937 年　山梨県増穂村生まれ。

1959 年　東京大学工学部土木工学科卒業。

1959 年　三菱重工業（株）入社、神戸造船所配属。

1970 年　東京大学より工学博士授与。
研究テーマ「電子計算機による二、三の橋梁構造解析と自動設計への適用に関する研究」

1971 年　三菱重工業（株）本社転勤、社内コンサルタント担当。
専門職：ＶＥ（バリューエンジニアリング）およびＱＣ（品質管理）。

1988 年　秋田工業高等専門学校に転職、環境都市工学科教授。
土木学会会員・日本品質管理学会会員。
主な研究論文：「主成分分析によるプロ野球業績評価」「羽生およびトップ棋士の棋風分析」。
秋田県警依頼：「ＱＣ手法による交通事故分析」。
秋田体協依頼：「ＱＣ手法による国体成績分析」
・各将棋プロ棋士が一局の将棋で「どの駒に何％触れたか」統計をとるとその棋士の特性が現れる。その論調で調査すると、羽生プロは香車を他棋士の倍使用する時期があった。谷川プロが永世名人位を取得し、羽生プロが敗れた名人戦シリーズでは、全６局を通じて羽生は一度も香車に触れなかった。日本国中誰も気付かない事実を発見した。

主な趣味：将棋（全国学生名人：1958 年秋季）、コントラクトブリッジ（社会人選手権ＮＣＲ杯全国優勝：1985 年）、囲碁（アマ６段・三々戦法）、ハイキング（三菱重工業本社山岳部長）、カラオケ（昭和初期主体に持ち歌 100 曲）、ゴルフ・麻雀・競馬はお付き合い程度。

伊甫《いすけ》の多趣味《たしゅみ》な半生《はんせい》と救国提言《きゅうこくていげん》

発行日……2015年6月30日　初版第一刷発行

著…………米長伊甫

発行………株式会社タブレット

〒107-0052　東京都港区赤坂2-10-16 赤坂スクエアビル

発売………三元社

〒107-0052　東京都港区赤坂2-10-16 赤坂スクエアビル

電話 03-5549-1885　ファックス 03-5549-1886

印刷・製本…モリモト印刷(株)

Printed in Japan

ISBN978-4-88303-387-4